Thomas Baumann

Moderne

Irrtümer

und ihre Herkunft

Von Donatisten, Ikonoklasten
und anderen Ketzern

Thomas Baumann

Moderne Irrtümer

und ihre Herkunft

Von Donatisten, Ikonoklasten und anderen Ketzern

Sankt Ulrich Verlag

Bibliographische Information der Deutschen Bibliothek

Die Deutsche Bibliothek verzeichnet diese Publikation in der
Deutschen Nationalbibliographie; detaillierte bibliographische Daten
sind im Internet über http://dnb.ddb.de abrufbar.

© 2011 by Sankt Ulrich Verlag GmbH, Augsburg
Alle Rechte vorbehalten
Titelbild: F. Lippi, Petrus u. Paulus mit Simon Magus; akg-images / Rabatti - Dominigie
Umschlaggestaltung: uv media werbeagentur
Mediengruppe Sankt Ulrich Verlag, Augsburg
Druck und Bindung: CPI – Ebner & Spiegel, Ulm
Printed in Germany
ISBN 978-3-86744-188-9
www.sankt-ulrich-verlag.de

Inhalt

Teil III — Und sonst?

Teil IV — Zugabe

„Sie müssen verzeihen, Holmes", knurrte Inspektor Lestrade, und die kleinen Augen in seinem scharfen, rattenähnlichen Gesicht blitzten kurz auf. „Also ich, ich bin ein Mann der Praxis, und diese ganzen, längst vergangenen Vorgänge …"

„Mein lieber Inspektor Lestrade" – und Sherlock Holmes schaute ihn an, fast schon wie ein Lehrer, der einem außergewöhnlich renitenten Schüler die Gesetzte der Arithmetik zu vermitteln sucht –, „wären Sie wirklich ein Mann der Praxis, so wüßten Sie, daß Sie nichts praktischeres tun könnten, als sich drei oder vier Monate zurückzuziehen und die Geschichte der Ketzereien zu studieren; denn wie der Weise sagt: ‚Es gibt nichts neues unter der Sonne!'"

Teil I — Das Buch

Rheinisches Präliminarium, oder: warum ich solch ein Buch nicht schreiben würde

Wenn Sie das erste Mal nach Köln kommen, steigen Sie – ich nehme jetzt mal an, Sie sind so vernünftig, mit der Bahn zu fahren – aus dem Zug aus, verlassen den Hauptbahnhof, stehen vor dem Dom, und dann müssen Sie Ihren touristischen Pflichten nachkommen. Als erstes gilt es den Dom zu besichtigen; ob Sie dies intensiv mit Führung machen oder nur eben kurz „reingehen", bleibt Ihnen überlassen. Sie können den Turm besteigen oder schnell eine Kerze anstecken. Vorne links wartet die Schatzkammer; im Chor glänzt der Dreikönigenschrein. Oder Sie machen es wie ein polnischer Freund und Mitmusiker, der einmal das Langhaus bis ganz nach vorne und wieder zurück durchschritt, intensiv nach oben schaute, lange nachdachte und dann als Ergebnis seines Denkprozesses verkündete: „So etwas kann es gar nicht geben!"

Also zuerst der Dom! Der nächste Punkt auf Ihrer Pflichtenagenda ist der Besuch eines nahe liegenden Brauhauses freier Wahl und der dortige Genuß – oder je nach Geschmack auch bloß der Verzehr – eines verbrecherisch überteuerten obergärigen Hauserzeugnisses.

Und dann kommt der Höhepunkt: der Souvenirerwerb! Als Amerikaner hätten Sie es dabei natürlich einfach: Sie kauften sich einen Beer-Stein mit Bild der Loreley oder eine typisch Kölner Kuckucksuhr aus dem Schwarzwald. Als Inländer dagegen, der sich auch noch zur gebildeten Klasse zählt und dem jeglicher Kitsch natürlich zuwider ist, sind Sie da deutlich schlechter dran. Also was bloß tun? – Irgendwann jedoch, nach einer mehr oder weniger ausgedehnten Zeit des Suchens, drängt es sich Ihnen unvermeidlich auf: das Rheinische Grundgesetz. Ob als Wandbild oder T-Shirt oder einfach nur als Postkarte finden wir da die ehernen Sätze wie: *Et is wie et is,* und: *Et kütt wie et kütt,* oder: *Et hätt noch immer jootjejange,* gleich gar auch: *da haben wer alle watt von,* und als Krönung dann: *Jede Jeck is anders!*

Und jetzt soll also ich als ein am Rhein Geborener, quasi im Gebiete dieses fließenden Fatalismus Aufgewachsener ein Buch über Ketzereien schreiben, ein Buch über Meinung und Gegenposition, ein Buch über Spitzfindigkeiten und Auseinandersetzung, ein Buch über Endgültigkeiten, ein Buch über – horribile dictu – Wahr und Falsch, also ich muß doch sehr bitten, datt is ja vielleicht ein Quatsch …

Niederrheinisches Vorgeplänkel, oder: warum ich ein solches Buch doch geschrieben habe

Aber andererseits bin ich ja nicht irgendwo am Rhein geboren, sondern ich stamme vom Niederrhein, genauer vom rechten Niederrhein (und jetzt lassen Sie sich nicht von Hanns Dieter Hüsch, Xanten und Kevelaer verwirren, der rechte Niederrhein ist der richtige. So, das mußte hier mal gesagt werden – Klammer zu!). Nun gilt aber bekanntlich für den Niederrheiner das Hüschsche Dictum: Er weiß nix, er kann nix, er kann aber alles erklären. Hm? Hm! – das zweite Hm mit Ausrufezeichen.

Stellen wir uns folgende Situation vor: Sie sind mit dem Auto irgendwo bei Rees oder Uedem unterwegs, bzw. eigentlich waren Sie unterwegs und haben sich jetzt schrecklich verfranst. Irgendwo im Nirgendwo, zwischen Kopfweiden, Altrheinarmen und schwarzweißen Kühen treffen Sie dann doch einen Einheimischen, und nehmen Sie dann weiter an, Sie richten an ihn folgende Frage: "Wie komme ich denn hier nach Wasserbillig?" Dann wird sich ungefähr folgendes abspielen: Er schaut eine kleine Weile ins Nichts, räuspert sich und sagt dann: „ Jau, Wasserbillich – da hat die Zilli 'n Schwager, oder nee, 'n Onkel (ab hier schalte ich hochdeutsche Orthographie hinzu), der hat es aber schwer mit der Lunge, hat ja auch damals so schwer gelegen, und als dann noch die Frau gestorben ist …" – Ich überspringe – Ihr Einverständnis vorausgesetzt – die folgenden fünf Minuten – „von dem van gen Fleet seine Frau, die ist ja auch eine ganz komische mit ihre Katzen …" – gönnen wir uns weitere zehn Minuten Auszeit – „… von dem Terlinden die Ehe, ach Gott, wissen Sie, aber von mir haben Sie das nicht, ach ja, Wasserbillich, also ganz genau weiß ich das nicht, jau, da fahren Sie hier gradeaus, kurz vorm Rhein rechts, und wenn Sie dann in Hönnepel sind, da fragen Sie die Leute, Tschüß auch, bis die Tage!" Und weg ist er. Sie stehen; Sie staunen; Sie stutzen, und dann fahren Sie schließlich kopfschüttelnd los. Verblüffenderweise kommen Sie dann irgendwann doch dort an, wo Sie am Niederrhein hinwollten. Und wer hat Sie hingebracht: der Niederrheiner.

Ach übrigens, sagte ich schon, daß Wasserbillig im Großherzogtum Luxemburg liegt?

Und nach einem weiteren Hm!! – diesmal mit zwei Ausrufezeichen – habe ich das Buch dann doch geschrieben.[*]

---

[*] Dieses Buch wird gelegentlich Fußnoten enthalten. Ich habe dabei nicht vor, einen wissenschaftlichen Apparat aufzubauen. Jedoch manches muß einfach gesagt werden, und den Haupttext wird dies – so hoffe ich zumindest – vor Unübersichtlichkeit bewahren. Vor allem aber: Dem Zweck dieses Buches dienen gerade auch die Fußnoten, denn die kleinen Details für den angehenden großen Renommisten sind hier sehr gut unterzubringen. Ich fange dann mal damit an: Als Theodor Mommsen 1854 begann, seine „Römische Geschichte" zu veröffentlichen, verzichtete er zum Entsetzen seiner wissenschaftlichen Kritiker auf die Fußnoten. Im Jahre 1902 erhielt er für dieses Werk den Nobelpreis. – Ich gehe also davon aus, daß dieses Buch keinen Nobelpreis erhalten wird.

Auf einen Punkt, der beim Niederrheiner Schwierigkeiten bereiten könnte, weist dann allerdings Jorge Luis Borges hin, und so sage ich denn folgendes warnend über mich und dieses Buch – zwar in der ersten Person, doch in den Worten des Meisters:

(Daß diese Seiten) wahrheitsgemäß sind, steht für mich außer Zweifel, doch meine ich in den ersten Kapiteln und auch in gewissen Absätzen der anderen eine Unstimmigkeit zu gewahren. Schuld daran ist vielleicht das mißbräuchliche Anführen von Nebenumständen, ein Darstellungsverfahren, das ich den Dichtern abgesehen habe ...

Wie er im Buche steht, oder: was ist ein Ketzer?

Auf den ersten Blick eine einfache Frage. Man könnte eine erste Definition versuchen: Ein Ketzer ist jemand (gibt's eigentlich das genderkorrekte „jefraud"?), der im Widerspruch zu einem Gedankensystem steht. Beschränken wir uns hier auf religiöse Systeme und noch enger auf die katholische Kirche, so könnte man weiter sagen: Ein Ketzer glaubt anders, als es die Katholiken tun.

Na wenn es so einfach ist, greife ich jetzt in die Saiten meiner Lyra und singe das Hohe Lied der Ökumenischen Konzilien ...

Ni - Ko E-Ch Ko - Ko - Ni - Ko

La La La La Ly Ly

Vi - Ko - Ba - La Tri - Va - Va

... und wer etwas von den dort verkündeten Dogmen nicht glaubt, der gehört nicht zu uns.*

Ein Ketzer glaubt also anders, als es die Katholiken tun. Das Unpassende dieser Definition wird leider gleich klar – niemand bezeichnet einen Buddhisten als Ketzer der islamischen Lehre, niemand einen Mormonen als ketzerisch-abtrünnigen Shintoisten. Also doch anders: Vielleicht könnte man ja ... Aber auch die Zugehörigkeit zu einer anderen christlichen Denomination bringt noch nicht genug. Niemand erklärt einen orthodoxen Griechen zum Ketzer einer Southern Baptist Church aus dem Bible Belt der USA. Vielleicht war der ja noch nie in Amerika. Und sehen Sie: genau das ist es. Ein Ketzer muß mit dem bekannt sein, von dem er abweicht. Unser Grieche mag den baptistischen Texaner Irrlehrer nennen, und wie ich die Südstaaten-Fundamentalisten kenne, wird der Texaner den Griechen locker als Nichtchristen bezeichnen. Ketzer werden beide nicht sagen, denn Ketzerei setzt Nähe voraus.

Glaubt ein anderer meiner Meinung nach Falsches, so mag er ein Irrlehrer, ein Häretiker sein. Glaubt er dasselbe, aber die kirchliche Organisationstruktur ist getrennt, so nenne ich ihn einen Schismatiker. Aber der Ketzer gehört eigentlich – obwohl gerade dieses „eigentlich" schwer faßbar ist – zu uns, er hat sich von uns getrennt. Er ist vom wahren Glauben, von der Orthodoxie, abgefallen, aus der Glaubensgemeinschaft herausgefallen.

---

* Sie haben das Akrostichon-Lied natürlich erkannt: Nizäa, Konstantinopel, Ephesus, Chalkedon, Konstantinopel, Konstantinopel, Nizäa, Konstantinopel, Lateran, Lateran, Lateran, Lateran, Lyon, Lyon, Vienne, (nein diesmal nicht Konstantinopel, sondern) Konstanz, Basel(Ferrara/Florenz), Lateran, Trient, Vatikan, Vatikan – die 21 Ökumenischen Konzilien.

Das lustige (oder vielleicht doch eher tragische) dabei ist, daß sich ja beide Gruppen zunächst einmal wechselseitig für abgefallen oder zumindest für irrend halten. Für den Außenstehenden und für die Nachwelt kommt daher oft noch der Zahlenfaktor hinzu. Qua definitionem ist die kleinere Gruppe die der Ketzer. Und so gebärden sich dann auch die wechselseitigen Beschreibungen, Beschimpfungen und Konnotationen. So benutzt die orthodoxe Masse das Wortfeld „Ketzer" in manch eigenwilligem Zusammenhang. Schlagen Sie doch bitte einmal im Lexikon den Begriff „ketzern" nach! – didaktisch wäre es jetzt besser gewesen, Sie wären aufgestanden und an den Bücherschrank gegangen, hätten ein Nachschlagewerk geöffnet und nachgeschaut, aber natürlich bin ich mir ziemlich sicher, daß Sie ohne dieses Buch aus der Hand zu legen auf die von mir vorgetragene Lösung warten. Also sei's drum:

„Ketzern" ist natürlich eine (zugegeben seltsame) verbale Ableitung von Ketzer, aber es kann eben zum Beispiel auch das Verfälschen einer Metallegierung sein. Das Bild ist klar: Eine kleine Menge Falsches wertet die ganze Masse ab. Und so führt das Grimmsche Wörterbuch der deutschen Sprache dann sogar auch die „verketzerte Suppe" für eine falschgewürzte solche an.

Umgekehrt – und damit kommen wir zur eigentlich Etymologie unseres Wortes – nannte die andere Seite ihre Leute, also die, die nicht zur dumpfen orthodoxen Masse gehörten, „die Reinen" griechisch *hoi katharoi*. Daraus entwickelt sich dann über Katharer und vielleicht einem kleinen Umweg über das italienische *gazzari* unser Wort „Ketzer". Die Gruppe der Ketzer sieht sich als kleine Gruppe der wenigen Reinen in einer verdorbenen Welt, umgeben von unreinen, sündigen Zeitgenossen.

Ein wirklicher, eklatanter Nachteil resultiert für uns allerdings aus der Tatsache der kleinen Gruppe und aus deren Absonderung. Eine kleine Gruppe braucht keine Grundsatzerklärungen und Positionspapiere, und dadurch wird unser Wissen über historische Ketzergruppen oft notgedrungen eingeschränkt. Das unterscheidet die alten Ketzer an sich ja übrigens ganz angenehm von aktuellen Abweichlergruppen, seien diese religiös oder politisch. Als erstes produzieren diese heute Papiere und nochmals Papiere, vom Memorandum bis zum Weißbuch, vom Thesenpapier zum Handlungsentwurf.

Doch zurück zu den alten Ketzern und unserem Wissen über sie: Es liegt nämlich des weiteren für eine Gruppe, die sich selbst – und das heißt freiwillig – absondert, kein Grund vor, mit der bösen Umwelt zu kommunizieren. Dazu kommt zusätzlich, daß auf der anderen Seite für die am Ende siegende Orthodoxie auch kein Grund bestand, eventuell doch vorhandene Ketzerdokumente aufzubewahren. Es ist somit einfach vieles verlorengegangen. Dabei müssen wir im übrigen gar nicht von Ideologie oder Ausrottungsabsicht reden – Pergament war ein teurer Rohstoff, der abgeschabt und wiederverwertet wurde. All diese Punkte führen uns allerdings in ein Dilemma: Es liegt bei dem, was wir im folgenden betrachten, meist eine einfach nur miserable Quellenlage vor.

Der praktische Nutzen eines Ketzers

Welche Funktion aber hat nun eigentlich ein Ketzer. Fragen wir dazu einfach unsere Älteren Geschwister. Schauen wir auf das Judentum. Der Talmud-Traktat *Pirqe Abot/Sprüche der Väter* führt uns in einem Parforceritt durch die Geschichte der Überlieferung des Judentums. Schon im ersten Vers des ersten Kapitels schlägt sich dabei der Bogen von Moses bis hin zu den Männern der Großen Versammlung die unter Esra stattfand (vgl. Nehemia 8–10). An dieser Stelle werden dann auch die ersten drei der Aussprüche überliefert: Seid bedacht beim Richten, sorgt für viele Schüler und macht einen Zaun um die Thora. Die ersten beiden dieser Sprüche erklären sich von selbst; den dritten sollten wir genauer unter die Lupe nehmen.

Da steht das Gebäude der Wahrheit, strahlend weiß glänzt es im Sonnenlicht, eine Freude im Auge des Betrachters. Wenn Jesus von der „Stadt auf dem Berge" spricht, verwendet er dasselbe Bild. Die Wahrheit des Glaubens erleuchtet weit herum die Welt. Aber dann, dann kommt der Ketzer mit seinen ungewaschenen, oder sollten wir besser sagen, unreinen Händen und patscht davor. Schon hat das Gebäude Flekken, und drei vier schmierige Stellen zerstoren den ganzen herrlichen Eindruck. Da sagen die Rabbinen: Das wollen wir nicht; da machen wir einen Zaun drum, und schon ist das strahlende Gebäude der Wahrheit und der Überlieferung geschützt.

Und jetzt beginnt die Aufgabe des Ketzers: Er muß den Zaun überprüfen. Ist er zu klein und steht er vor allem nicht weit genug vom Gebäude entfernt, so greift der Ketzer einfach drüber, und Zack!, sind die Schmierereien wieder da. Der Ketzer dient also hier – um im Bilde zu bleiben – der Eingrenzung der Wahrheit. Dies liegt soweit auf der Hand, aber es gibt eben auch das Gegenproblem: Nehmen wir mal an, der Zaun ist zu hoch oder gar undurchsichtig. Gut, der Ketzer kommt nicht mehr dran, aber die Wahrheit leuchtet nicht mehr vor den Menschen, und ein Leuchtturm, den kein Schiff sehen kann, ist auf absurde Art unnütz, oder wie auch wieder Jesus sagte: „Niemand zündet ein Licht an und stellt es unter den Scheffel!"* In so einer Situation müßte dann auch wieder der Ketzer bohren: „Ich seh' ja gar nichts? Da soll ein Gebäude hinter liegen? Hinter den Zäunen steckt also eure Wahrheit? Und by the way: Was ist eigentlich Wahrheit?" Hier dient der Ketzer also der Verdeutlichung, der Sichtbarwerdung der Wahrheit.

Thomas von Aquin beendet seine kleine Schrift über das geistliche Leben wie folgt:

Wenn jemand tatsächlich gegen dies zurückschreiben will, wird es mir äußerst angenehm sein. Denn nirgends mehr als im Abweisen der Widersprecher, wird die Wahrheit offenbar und die Falschheit zurückgewiesen, gemäß dem Buch Salomos (Sprüche 27/17):

* Hier geht natürlich nur die alte Lutherübersetzung. Das in Revisionen vorgeschlagene „Eimer" wäre sicher verständlicheres Deutsch, ist aber an sprachlicher Häßlichkeit kaum zu überbieten.

Eisen schärft Eisen, mehr schärft der Mensch das Blickfeld seines Freundes!

Selten wurde die Rolle des Ketzers bei der Wahrheitsfindung so gut zusammengefaßt.

Kehren wir zum Schluß noch einmal zum Judentum zurück: Was machten die Rabbinen eigentlich mit ihren Ketzern? Sie prügelten sie nicht aus der Synagoge – sie gingen geschickter vor. Wir müssen uns ja immer klarmachen, daß die Christen zunächst einmal so etwas wie ketzerische Juden waren. Zumindest wenn sie von einer jüdischen Mutter abstammten, waren sie aber nun mal definitionsgemäß Juden und somit nicht so einfach auszuschließen. Auf den ersten Blick war guter Rat da teuer, doch es fand sich eine ebenso einfache wie elegante Lösung. Im Lehrhaus zu Jamnia am Ende des ersten Jahrhunderts unserer Zeitrechnung wurde in die täglich von allen Juden gebeteten achtzehn Bitten einfach eine weitere Passage eingefügt – um es kompliziert zu machen nicht etwa am Ende, sondern als zwölfte Bitte, und das Gebet hieß trotz der nunmehr neunzehn Bitten auch weiterhin Achtzehn(bittengebet). Diese Bitte hat es in sich, sie beinhaltet nämlich eine Verfluchung der Ketzer und Abweichler. In der Wissenschaft hat sich für diesen Teil des Gebetes dann auch der Name „Ketzersegen" eingebürgert. Ob damit Kryptochristen gemeint waren oder, wie im Talmud diskutiert, Sadduzäer, ist fast schon irrelevant. Auf jeden Fall hatte in Zukunft jeder Abweichler, jeder Ketzer sich selbst zu verfluchen. Aber wer verflucht sich denn schon gerne selber, also blieben diese Gruppen und damit auch die Judenchristen dieser Zeit weg. Und so werden denn schließlich wir Christen nicht mehr als jüdische Sekte, sondern als getrennte Religion wahrgenommen.

Durch diese Reinigung ist das rabbinische Judentum auf der anderen Seite aber eben auch zu einer Kraft geworden, die 2000 Jahre überdauerte.

Gibt es so was auch im Christentum? Vergleichbares sicher! Zwar berichtet die *Legenda aurea* – die mittelalterliche Sammlung von Heiligenleben des Jacobus von Voragine –, daß der heilige Nikolaus dem Erzketzer Arius auf dem Konzil von Nizäa eine Ohrfeige gegeben habe. Doch dies ist nicht mehr als eine nette Geschichte. Die historische Wahrheit ist bei uns gar nicht soviel anders als im Judentum. Wenn Sie die Akten eines Konzils aufschlagen, dann finden Sie oft – meist am Schluß nach Glaubensbekenntnissen und Lehrtexten eine Reihe von Sätzen, die mit „anathema sit" enden: „Wer das und das glaubt, der sei ausgeschlossen!" Vielleicht sollte man es anders formulieren; es geht ja schließlich nicht darum, daß der Herold auf dem Marktplatz ausruft: „Der und der wird ausgeschlossen!" Nein, die Bedeutung ist eine andere, nämlich: „Wer das behauptet, der gehört dadurch nicht mehr dazu!"

Das ist der Sinn eines Anathemas; nicht: Du bist wesensmäßig ein Irrlehrer, weil du grundweg verstockt und böse bist, sondern: Wenn du das (und das „das" wird dann im Text ganz exakt genannt) behauptest und glaubst, dann hast du dich selber ausgeschlossen. Hier liegt die Tragik des Ketzers: Er schärft die Wahrheit und den Sinn für sie, aber er erkennt sie schlußendlich für sich nicht an. Schade eigentlich!

Der praktische Nutzen dieses Buches

Nunc vidimus per speculum in aenigmate, so lehrt uns der Apostel Paulus im dreizehnten Kapitel seines ersten Briefes an die Korinther: nun sehen wir durch den Spiegel in einem Zerrbild. Ob dieser prophetischen Sicht unserer Gegenwart stehen wir heutigen Menschen baff da.

Sie kennen die Situation. Es ist ein schöner, gepflegter, kultivierter Abend, man trinkt einen guten italienischen Landwein, der trotz seines erlesenen Geschmackes fast geschenkt ist, dazu ein Mineralwasser, natürlich Medium. Es werden Oliven genascht, nicht irgendwelche grünen oder schwarzen Dinger aus dem türkischen Supermarkt, nein, nein! Das beste Feinkostgeschäft der Stadt war dem Gastgeber gerade gut genug. Dazu nicht etwa Brote, sondern *Bruschette,* nicht Aufschnitt, sondern *Tapas,* nicht Gemüsewürfel, nein, *Crudités* erfreuen Herzen und Sinne, Gaumen und Seele der Anwesenden.

Aber dann kommt er, der gefährliche Moment. Die Zeit ist leicht fortgeschritten; bei Einzelnen rührt sich tief im Hinterkopf der Gedanke: ein Bier wäre jetzt auch gar nicht so schlecht, und dann einfach ein bißchen quatschen und dann Doppelkopf* spielen; das wär's. – Doppelkopf spielen

---

* Süddeutsche können hier gerne in Gedanken Schafkopf einsetzen.

geht natürlich gar nicht, und einfach nur quatschen ist bei so einem gepflegten Abend auch nicht vorgesehen. Man kann nicht darüber hinwegsehen, sie ist gekommen, die Zeit der gepflegten Konversation.

Nun wissen wir ja bereits aus dem obigen Pauluszitat, welches politische Magazin ab jetzt die Themen vorzugeben hat. Dennoch stellt gerade dies das Hauptproblem für den Rest des gepflegten Abends dar. Man kann besagter Hamburger Wochenzeitschrift natürlich zustimmen und steht dann in der großen Gruppe der Guten und Wohlmeinenden seinen Mann respektive seine Frau. Gewagter und pfiffiger – aber holla! – ist es andererseits, der aktuellen These des Blattes zu widersprechen. Jedoch auch damit kommt ein Gespräch nicht groß in Fahrt. Jahrelang sind all die Thesen zu Kirche und Gesellschaft, Jugend und Bildung, Genetik und Medizin, Rentenversicherungspflicht und Waldsterben ausgetauscht worden. Um es einmal kritisch zu sagen, handelt es sich bei diesem Austausch meist um jene Art des Austausches, deren sich das Rind auf der Weide im Zuge der Verdauung bedient. Die gepflegte Abendgesellschaft käut wieder und wieder und wieder und dann noch wieder. Mit einem Wort, der Wein mag noch so gut sein, die Häppchen noch so schmackhaft, mit Beginn der Konversation geht das Sandmännchen um.

Und jetzt käme Ihre große Stunde, lieber Leser! Jahrelang haben alle dasselbe gesagt, haben gesagt: letztendlich wird der Mensch vom sozialen Umfeld gemacht, haben gesagt: alle Priester sind pädophile Heuchler, haben gesagt: die Polkappen schmelzen ab … Aber jetzt kommt's: Und Sie sagen zum Beispiel so herrliche Sachen wie: „Mich betrifft das alles nicht; ich bin Semi-Pelagianer", oder auch: „für mich als Anthropomorphiten" – eine Einleitung, die wie Himbeerparfait auf der Zunge zergeht; werfen Sie ein:

„wir Febronianer", und schöne Frauen werden Ihnen zu Füßen liegen, gebildete Stützen der Gesellschaft an Ihren Lippen hängen.

Zu dieser Fähigkeit, zu solcher Eloquenz will Ihnen dieses Büchlein ein kleiner Ratgeber sein. Also, auf denn, und werfen wir einen Blick auf das, was uns in der Geschichte der Ketzereien bei diesem Unterfangen dienlich sein kann.

Teil II — Der Ketzer

Manichäer und Gesundheitskult

Wer von den Manichäern redet, muß zunächst nicht von ihnen und auch nicht von ihrem Gründer Mani reden, sondern vom heiligen Augustinus. Über Jahrhunderte hinweg war er, oder genauer, waren die *Confessiones,* seine Autobiographie – „die Bekenntnisse" – praktisch die einzige umfangreichere Quelle über den Manichäismus, und auch, wenn akademischer Forscherdrang seitdem Quelle um Quelle freigelegt hat, so bleiben diese doch eher Fragment um Fragment.

Also begleiten wir den heiligen Augustinus ein wenig. Er wurde 345 in Tagaste in Numidien geboren. Das klingt zunächst einmal nach einer öden Gegend für Hinterwäldler. Aber nie war ein Verdacht unbegründeter. Vor der Islamisierung des Maghreb und vor der Ausdehnung der Sahara nach Norden war dieser Teil Afrikas an der Mittelmeerküste eine hochkultivierte Landschaft. Hier wirkten Schriftsteller und Rhetoren, hier entstand weit vor Hieronymus eine erste lateinische Bibelübersetzung; aber hier lebte man auch in römischen Städten mit allem, was dazugehörte, vom Theater bis zur Therme. Natürlich war man nicht in Rom und erst recht nicht in Mailand, der damaligen Reichshauptstadt, aber man war auch nicht öde Provinz. Modern gesprochen: nicht New York und erst recht nicht Paris, aber auch nicht Bielefeld.

Aus dieser Landschaft stammte also unser Augustinus – und dann dieser Name! Nach dem Ende des zweiten Triumvirats hatte weiland Oktavian „freiwillig" alle Kompetenzen, Machtmöglichkeiten und jegliche Regierungsgewalt zurück in die Hände des römischen Volkes gelegt. Nach einem kleinen Augenblick der Stille nahm die gutgemachte Inszenierung im Senat ihren Lauf. Das Volk flehte ihn an, es nicht verwaist zu lassen, und als Höhepunkt wurde ihm der Titel *Augustus* verliehen. Ein interessantes Wort! Es steht nur kurz unter „*divus*" – göttlich. Jupiter und die olympischen Götter waren Divi. Gottheiten niederen Ranges aber, quasi Schwellengötter, waren *Augusti,* und das galt jetzt eben auch für den bisherigen Oktavian, den das römische Volk bisher oft genug alles andere als göttlich und barmherzig erlebt hatte. Aber: Wenn ein Augustus jetzt ein Untergott ist, was ist dann ein Augustinus? Ein Untergöttchen? Ein Hilfsgott zweiten Ranges? Einer, der noch auf seine Beförderung wartet? Seltsamer Name!

Nach der Schule schickten die Eltern – der Vater ein Heide, die Mutter Christin – Augustinus zum Rhetorikstudium nach Karthago. Neben seinen Studien benahm der heilige Augustinus sich zunächst einmal systemkonform unheilig. Er zog mit seiner Freundin zusammen, sie bekamen einen gemeinsamen Sohn, dem er aus wirklich unerfindlichen Gründen den Namen Adeodat (= von Gott gegeben) gab. Und so wie die Studenten der 60er bis 80er Jahre des letzten Jahrhunderts ihren Camus oder ihren Sartre lasen, so las er seinen Cicero, und zwar dessen Dialog *Hortensius.* Ich gebe zu, daß meine Versuche, Sartre und Co. zu lesen, immer daran gescheitert sind, daß ich sie zu schwiemelig-langweilig fand. Unser Versuch, den Hortensius zu lesen, scheitert an einem ganz anderen Problem. Der Dialog ist verlorengegangen.

Wo Sie gerade sagen „scheitern": Auf der anderen Seite wiederum scheiterten Augustinus' Versuche, die Bibel zu lesen, an denselben zwei Gründen, an denen diese auch heute gerne scheitern. Erstens: Man schlägt sie auf, und irgendwie kennt man das dann schon alles. Dieses Irgendwie-schon-alles-Kennen ist dabei eine sehr praktische Haltung, denn sie bewahrt einen nicht nur vor intensivem Lesen, nein, sie bildet auch einen willkommenen Schutzschild gegen jegliche Anfrage, die ein Text stellen könnte. Zweitens gab es da die auch uns heute so bekannte träge, bürgerliche Skepsis.* Lange vor Charles Darwin fand Augustinus es so etwa unzumutbar, als „gebildeter Mensch" an eine Weltschöpfung in sechs Tagen zu glauben.

Wir sehen Augustinus also in der uns so bekannten Position eines spießigen Revoluzzers. Natürlich ist man nicht wie die konservative Umwelt verheiratet, man praktiziert „freie Liebe", aber das dann doch fünfzehn Jahre lang mit derselben Frau. Und die Schriften, die man liest, bewegen einen auch nicht zu Taten, die einen aus dem akademischen Trott hervorziehen. Ab und zu kommt Mutter mal vorbei und erwähnt den Gott der Bibel, aber auch das führt zu keinen Reaktionen. Und so beginnt dann das, was wir auch heute beobachten können, der lange Marsch des Revolutionärs und Weltverbesserers hin zur Esoterik. Und so wie heute mancher mit der Marcuse-Lektüre beginnt und beim schamanischen Fruchtbarkeitssingen endet, so endet Augustinus bei den Manichäern. Nach zehn langen Jahren bei dieser Gruppe erfolgt dann sein Bekehrungserlebnis. Werfen wir einen Blick in die *Bekenntnisse*. Im

---

* Diese übrigens mit echtem, ernsten Zweifel zu verwechseln, täte Zweifel und Zweifler bitter Unrecht.

siebten Kapitel des Buches sehen wir Augustinus in seiner schwersten Situation.

Durch die Betrachtung seines bisherigen Lebens ist der von außen gesehen erfolgreiche Rhetor (heute würde man vielleicht sagen „Staatssekretär", oder vielleicht doch eher „Staranwalt") in eine tiefe Sinnkrise geraten. Auch damals gab es sie schon, die Midlife-crisis. Bei Augustinus nun war es eine religiöse solche. Und so liegt er unter einem Feigenbaum und jammert, wie dermaleinst der Prophet Jona unter seinem Rizinusstrauch jammerte.

„Wie lange noch? Wie lange noch: Morgen und immer wieder morgen? Warum nicht sogleich? Warum soll diese Stunde nicht das Ende meiner Schande bedeuten?"

Depression und Todessehnsucht, pure Verzweiflung und Sinnlosigkeit sprechen aus ihm. Doch dann:

Und siehe, ich höre da aus dem benachbarten Hause die Stimme eines Knaben oder eines Mädchens in singendem Tone sagen und öfters wiederholen: „Nimm und lies, nimm und lies." Sogleich veränderte sich mein Gesichtsausdruck, und aufs angestrengteste begann ich nachzudenken, ob etwa die Kinder bei irgendeinem Spiele etwas Derartiges zu singen pflegten, aber ich entsann mich nicht, jemals solches gehört zu haben. Da hemmte ich den Strom meiner Tränen und stand auf; konnte ich mir doch keine andere Erklärung geben, als daß eine göttliche Stimme mir befehle, die Schrift zu öffnen und das erste Kapitel, auf das ich gestoßen, zu lesen. Denn ich hatte von Antonius gehört, daß für ihn bestimmend gewesen sei eine Stelle im Evangelium, auf die er zufällig gestoßen war, gleich als ob ihm die Worte gälten: „Gehe hin, ver-

kaufe alles, was du hast, gib es den Armen, und du wirst einen Schatz im Himmel haben; dann komm und folge mir nach" - und daß er sich auf diesen Ausspruch hin sogleich zu dir bekehrt habe.

Er geht also, nimmt die Bibel und schlägt die erstbeste Stelle auf, und dort liest er:

„Nicht in Schmausereien und Trinkgelagen, nicht in Schlafkammern und Unzucht, nicht in Zank und Neid; sondern ziehet den Herrn Jesum Christum an und pfleget nicht des Fleisches in seinen Lüsten". Ich wollte nicht weiter lesen, es war auch nicht nötig; denn bei dem Schlusse dieses Satzes strömte das Licht der Sicherheit in mein Herz ein, und alle Zweifel der Finsternis verschwanden.

Wie es dann weitergeht, wie er zu einem der wichtigsten Kirchenväter wird, zum doctor gratiae, dem Lehrer der Gnade, das entnehmen Sie, lieber Leser, einer Kirchengeschichte oder einem Lexikonartikel. Oder schauen Sie doch einfach mal auf der Seite des Würzburger Zentrums für Augustinusforschung unter www.augustinus.de vorbei - uns interessieren hier die Manichäer.

Die Forschungslage ist dabei - wie gesagt - schlecht, aber wissenschaftlicher Spürsinn hat mühevoll Texte und Fragmente in Latein und Altgriechisch, aber auch in so interessanten Sprachen wie Mittelpersisch oder Uigurisch zusammengetragen, so daß wir uns doch ein Bild von ihrem Leben und ihrer Lehre machen können.

Beginnen wir mit dem Religionsstifter Mani - oder, wie wir weiter unten sehen werden, wäre Religionsorganisator vielleicht die bessere Formulierung. Dessen Leben ist schnell erzählt. Er wurde 216 in Babylon geboren, das damals zum persischen Sassanidenreich gehörte, und wuchs in einer jüdisch-christlich geprägten Täuferbewegung auf. Durch Offenbarungserlebnisse im zwölften und vierundzwanzigsten Lebensjahr gewann er Einblicke in die Zusammenhänge der Welt, trennte sich von seiner Täufergemeinschaft, unternahm unter anderem im Jahre 241 eine Indienreise und verkündete nunmehr seine eigene Lehre. Der sassanidische König Schapur I. (242–273) war ihm wohlgesonnen, so daß die Bewegung sich ausbreiten konnte. Ja, dem Schapur war sogar eines der ersten Werke Manis, der *Schapurakan,* gewidmet Mani war bei Hofe everybody's darling. Dies änderte sich dann allerdings unter Schapurs Nachfolger Bahram. Dieser war der traditionellen persischen Religion Zarathustras zugeneigt, und die neue Lehre fiel in Ungnade. So kam es dann schließlich wahrscheinlich im Jahre 277 zum Martyrertod des Mani.

Der eine oder andere wird sich nun gefragt haben: Woher wissen wir das alles, insbesondere wenn die Quellenlage so dünn ist? Die Antwort führt uns mal wieder nach Köln. Die Universität Köln bewahrt einen Schatz auf: den (übrigens nicht sehr kreativ) sogenannten Kölner Mani-Kodex. Vielleicht haben Sie ja Beziehungen und damit das Glück, ihn einmal zu sehen. Ohne Beziehung können Sie ihn trotzdem im Buch oder im Netz[*] anschauen, und sie werden verblüfft sein: Dieser im Jahre 1969 entdeckte, um

---

[*] Eigentlich ist Netz nicht schön, aber immer Internet (englisch aber großgeschrieben) ist auch unbefriedigend. Warten wir also ab, ob Internetz, Zwischennetz oder wenigstens Internett sich durchsetzen wird. Der gebildete Surfer mag *interrete* sagen, so wie für world wide web auch schon die form ttt kursiert, aufgelöst textum totium terrarum.

das Jahr 400 zu datierende Kodex ist ungefähr so groß wie eine Streichholzschachtel, in Zahlen: Er mißt 4,5 cm in der Höhe und 3,8 cm in der Breite und umfaßt gegen 200 Seiten. Dieses kleinste erhaltene Buch der Antike nun liefert uns eine umfangreiche Beschreibung des Lebens Manis und darin eingeschlossen natürlich auch viele Blicke auf seine Lehre. Bevor wir uns mit dieser beschäftigen, taucht bei manchem Leser vielleicht die Frage auf: Ist ja süß, aber warum so klein? Nun, wenn wir bedenken, daß der Manichäer in der Antike das war, was der Esoteriker in der Gegenwart ist, liegt die Antwort auf der Hand. Ein Buch ist nicht gut, wahr und verehrungswürdig durch seinen Inhalt, sondern primär erstmal durch seine Haptik. Nur was ich berühren kann, liefert mir Heil und Sicherheit. Kürzer ausgedrückt: Das Buch wurde als Amulett mitgetragen.

Doch lassen Sie uns nun kurz die Lehre der Manichäer, oder vielleicht besser ihre Glaubenspraxis und deren Grundlagen betrachten: im manichäischen Weltbild stehen sich gut dualistisch das göttliche Reich des Lichtes und das Reich der Finsternis gegenüber. Das Lichtreich Gottes einerseits umfaßt dabei die fünf Formen des geistigen Erkennens: Vernunft, Denken, Einsicht, Sinne und Überlegung. Auf der anderen Seite steht das Reich der Finsternis, bestehend aus den fünf Elementen: Rauch, Feuer, Wind, Wasser und Finsternis, ein Reich, in dem beständig Kampf und Unfrieden herrscht. Von diesen seinen inneren Kämpfen getrieben, attackiert das Reich der Finsternis immer wieder das Licht. Gott, der Vater, aber ist Friede und will darum keinen Kampf. So sendet er seinen Sohn, damit dieser von der Finsternis gefangengenommen wird. Durch dieses Opfer bleibt einerseits das Reich des Lichtes unversehrt, andererseits aber wird der letztendliche Sieg über die Finsternis so vorbereitet.

Nur, was ist jetzt mit den nach dem Opfer des Sohnes gefangen zurückgebliebenen Lichtresten? Um diese zu retten, wird die Welt erschaffen. Ein „lebendiger Geist" – der „zweite Gesandte" bildet Sonne, Mond, Gestirne, Himmel und Erde, die somit eine Vermischung von Licht und Finsternis darstellen.

Erst der „dritte Gesandte" setzt die Räder in Bewegung. Die Vorstellung ist dabei ganz plastisch die, daß diese „Räder", nämlich Feuer, Wasser und Wind, das Licht nach oben in Richtung Milchstraße abpumpen und somit letztendlich an die Sonne weitergeben. Damit dieser Prozeß weitergeht, immaniert sich der dritte Gesandte zu einem ersten Menschenpaar und sendet schließlich „Jesus, den Glanz", der die Menschen über die göttliche Vernunft aufklärt. In diesem Kampf führt jede Verletzung der göttlichen Vernunft dazu, daß die Gefangenschaft der Lichtteile in der Welt verlängert wird. Lebewesen zu töten, ja, auch schon nur Obst zu pflücken, verlängert den Kampf, in dem die Menschen stehen. Am Ende der Zeiten wird die Lichtbefreiung vollendet sein, und die Weltgeschichte endet mit einem Gericht, in dem Licht und Finsternis auf ewige Zeiten getrennt werden.

Die Speerspitze in diesem Kampf zur Lichtbefreiung bilden die Manichäer. Diese selbst aber unterteilen sich wiederum in zwei Gruppen. Um das Licht zu befreien und wieder zum Reich Gottes hinzuzufügen, braucht man die Electi, die Auserwählte. Diese Auserwählten müssen drei Grundsätze befolgen, ihnen sind drei Siegel auferlegt: Das Siegel des Mundes bedeutet den Verzicht auf Fleisch, Blut, aber auch auf Wein und Früchte (!), sowie das Sich-Enthalten von Fluchworten. Das zweite ist das Siegel der Hände mit dem weitestmöglichen Verzicht auf jegliche körperliche Arbeit mit den Händen. Außer zu bestimmten rituellen Handauflegungen durfte die Hand nur zur Begrüßung gereicht werden und dabei auch nur die rechte. Das Siegel der Enthaltsamkeit bedeutet das Verbot jeglichen Geschlechtsverkehrs. Es drängt sich die Frage auf, wie kann so ein Electus, so eine Electa überhaupt überleben? Und hier kommt die zweite, weitaus größere Gruppe der Manichäer ins Spiel: die *Auditores* (Hörer). Auch diese sollten die drei Siegel befolgen, aber für sie reichte es, das am Sonntag zu tun. Da praktisch jedes Besorgen von Nahrung, jeder Ernteprozeß usw. Tiere oder Pflanzen verletzten, mußten die Auditores den Electi die Nahrung beschaffen, so daß diese – ohne selbst Unheil zu tun – reine Nahrung erlangten. In den Verdauungsorganen der Auserwählten wird das Licht nun von der Finsternis geschieden, und unter Gesang und Gebet kann es wieder zu Gott zurückkehren. Fragt man sich dann, was mit den Auditores passierte – nun, nach mehreren Inkarnationsdurchgängen konnten diese möglicherweise selbst Electi werden, und so konnte sich der Prozeß der Befreiung der Lichtfunken von Spiritualdarm zu Spiritualdarm weiter verbreiten.

Sie lächeln, meine Dame? Sie können ein ironisches Schmunzeln nicht unterdrücken, mein Herr? Gehen Sie mit mir, nein, nicht in einen Esoterikerzirkel, gehen Sie mit mir etwa einfach auf einen beliebigen Mittelaltermarkt oder auch nur in die einschlägigen Abteilungen eines gewöhnlichen Kaufhauses, und wenn Sie dann da indianische Traumfänger sehen, die versprechen, Ihre Träume von Unreinem zu reinigen, wenn Sie Heilsteine sehen und vielleicht sogar erfahren, daß Rosenquarz gegen Fußschweiß hilft, dann lächeln Sie ruhig weiterhin über die alten Manichäer, aber bitte seien Sie fair und lachen Sie schallend über unsere Gegenwart.

Doch weiter: Es wird in der Wertung Manis und der Manichäer oft einiges übersehen. Augustinus lobt zum Beispiel besonders die Hierarchie in der manichäischen Gemeinde. In der immer stärker auseinanderbrechenden Welt des zu Ende gehenden Römischen Reichs liefert eine esoterische Bewegung ein Ordnungsprinzip. Und er lobt die Gemeinde, die auf eigenwillige Art sang. Vielleicht bin ich ja der einzige, aber ich muß dabei direkt an esoterische Hintergrundsmuzak im Fahrstuhl denken. Und wenn ich beides zusammennehme: eine kosmisch begründete Ordnung, die anders ist als die Ordnung der Umgebung und in die man eingeführt werden muß einerseits, und eine eigentümlich vertraut-fremd klingende Musik andererseits, bin ich dann der einzige, dem die vielen Esoterikmessen[*] in den Sinn kommen, oder um es nicht so hoch zu hängen, das morgendliche Namenstanzen im Waldorfkindergarten?

Doch dies sei dahingestellt. Manis Lehre steht für Dualismus, gestern wie heute. Dualismus nun kann zwei Folgen haben. Da steht auf der einen Seite die Leibfeindlichkeit, und auf der anderen Seite – seltsam, aber wahr – ihr Gegenteil, die Leibvergötterung. Eigenartigerweise treten diese beiden Konsequenzen historisch wie aktuell oft bei denselben Menschen auf und dazu noch in beinahe beliebigen Mischungsverhältnissen. Lassen Sie uns daher zum Schluß noch ein kommerziell besonders erfolgreiches Beispiel für die zweite Folge betrachten.

[*] Es gibt gar eine Internet-Seite, die „Esoterikmesse.de" heißt und Esoterikmessen (Plural!) auflistet.

Wellness

Wellness ist in aller Munde, auf allen Titelseiten, in allen Medien. Aber was ist das eigentlich? Schauen wir doch einmal nach! Mein alter Oxford Advanced Learners Dictionary aus dem Jahre 1975 kennt dieses Wort allerdings überhaupt nicht, und das bei tausend Lexikonseiten. Ist es vielleicht so ein englisches Wort wie das urdeutsche Handy – ein Wort, das englisch und somit wichtig klingt, das aber kein Engländer kennt? Natürlich kann man es übersetzen: „Wohlbefinden" könnte man sagen. Nur leider ist Wohlbefinden zwar ein deutlich deutsches Wort, steht aber in der Tradition von Unbescholtenheit, Mannhaftigkeit oder Gnadentum. Es ist irgendwie deutsch – jeder hat es schon gehört; jeder kennt es – aber so richtig faßbar ist es nicht. Als alter Möchtegernmarxist versuche ich es darum mal so und definiere wie folgt: Wellness ist Sport mit Überbau. Nicht einfach Gesundheit; Schwimmen ist gesund, Wandern ist gesund, Milch ist gesund, Obst ist gesund, seit neuen Forschungen wissen wir sogar, daß Beten das Leben verlängert, mithin statistisch wohl gesund ist. Aber um diese Form von Gesundheit, um diese Form von Wohlbefinden geht es gar nicht. So wie man heute nicht mehr einfach nur ins Schwimmbad geht und dann auch einfach nur zum Schwimmen, sondern ins Spaßbad, um dortselbst bespaßt zu werden oder auch andere zu bespaßen, so macht man in einem modernen Wellnesstempel seine Übungen, und vielleicht wichtiger seine Erfahrungen, in einem bestimmten Ambiente. Dazu gehört zuerst einmal eine pastellen-schummrige Atmosphäre, und dann – ganz, ganz wichtig eine heilige Terminologie. Irgendwann begann man im schulischen Sportunterricht statt Federball Badminton zu sagen. Im Fitnessstudio (auch so ein Wort!)

sagt man schon lange statt Seilchenspringen Ropescipping, und so muß denn auch die Badewanne Whirlpool heißen und die Massage muß – wenn schon nicht mit ayurvedischen Aromaölen – so doch zumindest thailändisch sein. Das alles wird nun im Wellnesstempel garniert mit einfach nur unsäglicher Musik. Rosagrüne Keyboardtöne werden von silbrig perlenden Harfenklängen unterstützt, und über allem, da schwebt sie, die Panflöte des Grauens. Damit wir uns recht verstehen, die Panflöte ist ein Musikinstrument wie jedes andere, das, wie wir uns in jeder Fußgängerzone überzeugen können, durchaus erdig klingen kann. Diese würde aber in einem Wellnesshotel ungefähr so wirken wie die blaugrauen Kacheln eines Lehrschwimmbeckens. Und so wird diese harmlose Ansammlung von Bambusröhren so lange durch Gleichrichter und Hallgeräte geschickt, bis sie überirdisch klingt. Ich für meinen Teil würde sagen, überirdisch kitschig, ja, ich käme nicht umhin, sogar überirdisch widerlich zu ergänzen, aber über Geschmack läßt sich bekanntlich nicht streiten.[*]

Also seien Sie ruhig Dualist; glauben Sie an zwei Prinzipien, aber machen Sie bloß nicht mit bei der modernen, pastellenen Wellness-Bewegung! Sagen Sie statt dessen: Ich bin ein Manichäer.

Zum Schluß noch eine kleine Bemerkung über den deutschen Gesundheitskult.

George Mikes ist einer der unterhaltsamsten englischen Schriftsteller der zweiten Hälfte des zwanzigsten Jahrhun-

[*] Doch sind Sie und ich nicht letztendlich, tief im Innersten des Herzen dafür, es trotzdem zu tun und doch über Geschmack zu streiten?

derts, der mit seinem Werk „How to be an alien" dem englischen Wesen, der englischen Kultur und natürlich auch
der englischen Skurilität und den englischen Marotten ein
Denkmal gesetzt hat.

Wie Name, Sujet und Humor nahelegen, kann so ein
Mensch natürlich von Geburt kein Engländer sein; vielmehr stammt er aus Ungarn. Aber nicht nur die Engländer
bekommen bei ihm ihr Fett weg – welch gewagte Meta-
pher übrigens beim Thema Wellness –, sondern auch wir
Deutschen.

In einem Buch über die Länder Mitteleuropas schreibt
er 1971 (ja, schon 1971!): „Mit der Gesundheit wird in
Deutschland ein wahrer Götzendienst getrieben, und darin
wetteifern jung und alt. Gesund zu sein ist eine Pflicht!"
Und er endet mit der Feststellung: „Wenn Sie eine Deutsche verführen wollen, müssen Sie ihr einfach nur sagen,
daß ES gesund sei!"

Gnosis einst und jetzt

Führten uns die Manichäer die eine Seite des Dualismus vor Augen, so zeigen uns die Gnostiker die andere Seite der Medaille.

Aber zuerst eine ganz andere Frage: Wo begegnen uns eigentlich die Gnostiker heute? Die Antwort ist auf den ersten Blick einfach, aber seltsam: Gnostiker begegnen uns heute in Universitätsseminaren und im Internet.

Belegt man eine Lehrveranstaltung zu einem Brief des Paulus, so wird dazu ein Referat gehalten; liest man einen Kommentar über dasselbe biblische Buch, so findet sich unausweichlich ein Exkurs, und dessen Thema lautet: „Die Gegner des Paulus im (zum Beispiel) Galaterbrief". Hier wird dann oft Hochwissenschaftliches dargeboten, oft aber auch wild spekuliert, denn die Schwierigkeit des Themas liegt offen auf der Hand: Die Position, auf die Paulus antwortet[*], ist ja schließlich, selbst wenn sie dermaleinst schriftlich formuliert war, nicht auf uns überkommen, und so schälen sich dann nach meinen Erfahrungen zu jedem beliebigen Brief des Neuen Testamentes immer (und

---

[*] Im Rahmen der deutschen Bibelwissenschaft sagt man hierzu allerdings lieber z.B.: „Die Position, auf die der Verfasser des Kolosserbriefes antwortet"!

„immer" verwende ich hier im Sinne von „immer"!) zwei Wurzeln der Gegnergruppe heraus: judaisierende Elemente und gnostische Kreise.

Das Internet – endlose Weiten, wir schreiben Sternzeit Fünfvorzwölf, Captain Baumann läßt seinen Blick über den Horizont schweifen (übrigens ist das gar nicht so einfach in der Dreidimensionalität), und dann entdeckt er unbekannte Wesen. Leutnant O'Google, berichten Sie!

Die Gnosis *liefert die Antwort auf eine sehr alte Frage: Woher kommt das Böse – unde malum? Auf diese Frage kann der Katholizismus bis* heute *keine „befriedigende Antwort geben" – Die bleibende Faszination, die* Gnosis *und Gnostizismus bis heute auf das gebildete Publikum ausüben, dürfte nicht zuletzt darin begründet sein. – Die* Gnosis *ist bis heute die erste und einzige Mysterienschule, in der esoterische Gehalte (das heißt Geheimlehren & Mysterien) öffentlich (also exoterisch) „gelehrt werden". Wir müssen klar zwischen den religiösen Formen und den religiösen Prinzipien unterscheiden. Die religiösen Prinzipien sind lebendige kosmische Formeln, und die religiösen Formen stellen all die diversen Systeme oder Arten dar, mit denen diese kosmischen Prinzipien gelehrt werden.*

Um jetzt nicht wie manch Politiker zu enden: Im vorherigen Abschnitt sind nur die als Zitat gekennzeichneten Stellen von mir verfaßt. Alles andere ist von Zulieferergruppen, die unter so schönen Namen wie mystica.org oder gnostik-heute.de firmieren, beigetragen. Wer denn mag, kann sich das alles – und noch viel mehr – mit einer Suchmaschine eigener Präferenz erschließen. Wert ist es das wohl nicht.

In diesen beiden genannten Kontexten zitiert zu werden, und das fast ausschließlich, haben die alten Gnostiker nun wirklich nicht verdient. Aber was haben sie eigentlich geglaubt?

Diesmal wissen wir erfreulicherweise gut Bescheid. Das liegt an einem kleinen Nest in Oberägypten: Nag Hammadi. Hier wurden im Jahre 1945 Schriften in koptischer Sprache gefunden, die aus den ersten vier Jahrhunderten nach Christus stammten. Wie immer in solchen Situation begann der Wettlauf zwischen Finder, Schwarzmarkthändlern, Schmugglern, Polizisten und Wissenschaftlern. Aber seit 1975 finden sich die Schriften endgültig im Koptischen Museum zu Kairo. Sie enthalten Werke gnostischen Ursprungs, die bis dahin nicht oder nur in Fragmenten überliefert waren. Besonders das sogenannte *Apokryphon* des Johannes liefert uns dabei einen umfassenden Überblick über gnostisches Gedankengut, so daß wir diesmal aus dem Vollen schöpfen können:

Von Urzeiten an ist der gute Schöpfergott. So weit, so gut! Dieser ist rein geistig. Er ist und steht über der Zeit. In einem eigenmächtigen, selbstsüchtigen Akt jedoch hat ein böser Gegengott in der Zeit, mit der Zeit und in diese hinein die materielle Welt, die Welt der Finsternis geschaffen, der Demiurg. Aus dieser Finsternis nun kann nur ein Gott des Lichtes, der Erlösergott, der Soter, befreien.

Für die Menschen bedeutet dies, daß es letztendlich nur zwei Gruppen gibt: Die *Pneumatiker* und die *Hyliker*.

Bedeutet *hylé* noch bei Aristoteles wertfrei „Stoff", der Stoff, das Material, das durch die menschliche Fähigkeit, die *techné*, in „Form" gebracht wird, so ist *hylé* bei den Gnostikern negativ aufgeladen. Das, was der Demiurg geschaffen hat, ist *hylé*, und die armen Menschen (oder:

47

die dummen Menschen, oder vielleicht sogar: die bösen Menschen), die darin verhaftet sind, sind die Hyliker.

Diesen stehen die Pneumatiker gegenüber. Als vom göttlichen Geist – dem Pneuma – geprägte Menschen können sie auf Grund eben dieser ihrer pneumatischen Natur/*Physis* erlöst werden. Um das zu vollbringen, um die Lichtfunken der Gnostiker zu befreien, mußte der Soter herabsteigen. Auch wenn dies jetzt erstmal sehr nach dem christlichen *„et incarnatus est"* klingt, nach dem „hat Fleisch angenommen" oder wörtlich „ist einge-fleischt worden" – der Gnostiker versteht es anders: Nur zum Schein ist der Soter gekommen. Nur einen Schein-leib hat er angenommen, und somit kann der Gnostiker zwar von „Christus" als „Sohn" Gottes sprechen, mit dem historischen Menschen Jesus aus Nazareth hat das aber nichts zu tun. So weit geht die göttliche Liebe zur Welt ja nun wirklich nicht, daß er sich mit ihr oder den Men-schen auf eine Stufe stellt. Wo kämen wir denn da hin. Materie ist Materie, und Geist ist Geist.

Diese Lehre trägt der Gnostiker dann gerne als Erlö-sungsdrama vor; wie immer, wenn vom Licht die Rede ist, wahrscheinlich in abgedunkelten Räumen. Vielleicht gab es ja schon Öllämpchen in Teelichtform. Möglicher-weise wurden erste Protoräucherstäbchen aus dem Mor-genland importiert. Hier in der mystischen Versamm-lung erfährt man auch, daß Altes und Neues Testament nicht vom selben Geist inspiriert sind und daß der Gott des Alten Testaments nicht der gute Gott ist, sondern wohl doch der Demiurg. Hier in diesen Versammlungen werden aber auch die Sakramente der Kirche in eigenen Riten überboten. Dienen erstere der Stärkung der Gläu-bigen in der Welt, ja, sind sie materiell gefaßtes Wort Gottes – *verbum visibile,* sichtbares Wort, sagt Augustinus dazu –, so wollen die Riten der Gnostiker gerade aus der Welt befreien. Die göttlichen Funken sollen aus der Welt gelöst werden. Anders als bei Juden und Christen liegt das Heil außerhalb der Geschichte, ist die Erlösung außerhalb von Welt und Sein angesiedelt. Von Ferne grüßt das Nirwana, das letztendliche Ziel des Buddhisten, in das er nach langen Inkarnationszwischenstufen als Schwein oder Gänseblümchen zu gelangen hofft: das heilige Nichts.

Und dieses Gedankengebäude, das finden wir natürlich auch heute noch. Ich sagte oben zur postmodernen Internetgnosis, daß es eigentlich nicht von Wert sei, sich damit zu beschäftigen. Andererseits klicken Menschen auf diese Seiten; und ebenfalls andererseits werden die dort wohlfeil angebotenen Bücher erworben, die Seminare und Kurse besucht, die Meditationsangebote wahrgenommen.

Wahrscheinlich spielt dabei auch eine Rolle, daß die heutige Situation in einer Beziehung gar nicht so sehr anders ist als in der Antike. Auch dort standen dem strukturierten Gebäude des Manichäismus die freien Strömungen der Gnostiker gegenüber. So auch hier und heute: Nicht jeder will einem esoterischen Bund beitreten, nicht jeder will einen festen Zenmeister haben, aber das schließt Interesse an deren Gedanken und noch viel mehr sympathische Gefühle für deren Tun nicht aus. Nicht jeder will sein Kind zur Waldorfschule schicken, und erst recht will nicht jedes Kind ab dem zweiten Jahrsiebt seines Lebens die Buchstaben seines Namens tanzen. Auf der anderen Seite kann „das mit der Kreativität", „das mit der Natur und den spirituellen Werten" ja auch nicht schaden, und „ein Stück weit ist das wohl auch ganz wichtig" für mich, „ich fühl das zumindest ganz stark".

Also nieder mit der Organisation, es lebe der freie Spiritualismus!

Eine Wurzel für unsere freie Suche nach dem Geist finden wir Deutsche – so komisch es klingen mag – wohl schon in unseren Genen.

Während meines Studiums nahm ich an einer internationalen Tagung für Altorientalisten teil. Dabei kam ich mit einem netten chilenischen Verlagsvertreter ins Gespräch, und beim Abendessen fragte er mich: „Aber warum machst du das bloß, das mit dem Hebräischen und den Keilschriften?" Eigentlich eine blöde Frage, und so stammelte ich etwas von Schönheit und Spaß und Bedeutung für die Kultur und … Und dann sagte er. „Quatsch. You do it cause you Germans are so romantic." Und da war er, der Vorwurf, den man gerne und reichlich im Gespräch mit Ausländern, besonders Südländern, hört: Ihr Deutschen seid so romantisch. Daß dieser Vorwurf durchaus auch andere Völker treffen müßte – denken wir an die englische Rheinromantik des 19. Jahrhunderts –, sei dahingestellt. Daß er eigentlich bei genauerem Hinsehen einen falschen Begriff von Romantik verwendet, geschenkt! Das Bild des Deutschen im Ausland ist so geprägt: Uns interessieren Ideen! Und so sitzen wir denn wie der Gefangene in Platos Höhlengleichnis gefesselt vor der Wand und versuchen, die Schatten des ewig Wahren und Guten zu deuten. Und so stellen wir uns mit Immanuel Kant die Frage nach der Freiheit und stellen fest, daß in unserer vierdimensionalen Welt alles kausal begründet ist, und so kann es denn für uns wie für Kants *Kritik der reinen Vernunft* die Freiheit nur in der intelligiblen Welt, in der Welt der Ideen, geben. Nur die Idee, die reine Idee und nichts als die Idee ist von Bedeutung, so verkünden wir idealistischen Deutschen.

Das Christentum dagegen ist zutiefst am Körper interessiert. Das Neue Testament schildert Wunder in erschreckender Drastik. Jesus ist kein spiritueller Wundertäter, der auf eine hochgeistige Ebene hinübersublimiert, sondern er weckt den Lazarus vom Tod auf, von dem die Leute ihm berichtet haben: Der stinkt ja schon. Noch der halbverweste Leib ist dem Evangelium wichtig. Und so bekennen wir im Glaubensbekenntnis auch nicht eine irgendwie geartete Seelenwanderung oder ein geistiges (und das hieße dann ein bloß geistiges) Weiterleben nach dem Tod, sondern in dem Glaubensbekenntnis, das jeder Täufling sprechen muß – dem *Apostolicum* –, heißt es: *credo ... carnis resurrectionem* – ich glaube an die Auferstehung des Fleisches.

Gerade das doch so „geistliche" Johannesevangelium legt sogar noch einen drauf. Da hatte weiland der kleine (okay, besser: der mittelgroße) Thomas Griechischunterricht am Gymnasium und holla, auf der zweiten oder dritten Seite des Buches war ein Text als Bibelzitat gekennzeichnet. Große Neugierde zuerst, großes Entziffern danach, eine kleinere Übersetzungsphase und dann große Enttäuschung. Wir, die wir reiche geistliche oder doch zumindest geistige Kost erwartet hatten, lasen: *oinon ouk echousin* – sie haben keinen Wein, das Wort Marias an ihren Sohn auf der Hochzeit zu Kana. Wie uninteressant! Oder eben auch gerade nicht: Im Johannesevangelium finden wir sieben Zeichen *(semeia)* Jesu. Wundertaten, mit denen er seine Göttlichkeit, das Kommen des Reiches Gottes verdeutlicht. Und was ist das erste Zeichen? Er heilt keinen Kranken, er verschwindet oder erscheint nicht in Feuer und Rauch, er gewährt keine Visionen, aber er vertreibt auch nicht die Römer. Nein, er verwandelt Wasser in Wein, damit die Party weitergeht. Kein ernstzunehmender Guru würde sich mit solchen Fingerübungen abgeben,

51

kein Esoteriker, der nicht vor dieser leiblichen Banalität zurückschaudert. Aber genau das ist es. Der Evangelist hat begriffen – und wer, wenn nicht er als Evangelist sollte es sonst überhaupt begriffen haben –, wie Christentum schlechthin funktioniert und führt dies im ersten berichteten Wunder drastisch vor Augen: Alkoholvermehrung vor dem Ehevollzug! Es geht eben im Christentum – nicht nur, aber immer auch – um das Leibliche. Und so wird dann im Epheserbrief gerade das leiblichste aller leiblichen Sakramente, jenes Sakrament, das Luther als ein bloßes „weltlich Ding" bezeichnet hat, die Ehe, als einziges Sakrament in der Heiligen Schrift mit dem griechischen Wort für Sakrament „*mysterion*" bezeichnet. Das Christentum ist eine zutiefst leibliche Religion.

Und genau davon sollten Sie sich fernhalten!

Lassen Sie sich nicht in das Gefängnis einer solchen Lehre einsperren. Und noch mehr: Seien Sie frei in der Auswahl Ihrer Ansichten und noch mehr in der Gestaltung Ihrer Spiritualität und Ihres religiösen Tuns. Sie wissen ja schließlich selbst am besten, was für Sie gut ist.

Auch damit weichen Sie natürlich – und das fröhlich und frei – vom Christentum ab. Diese Christen nämlich, die glauben das anders – für die gilt mit dem Römerbrief (Kapitel 10, Vers 17): der „Glaube kommt vom Hören!" Interessanterweise steht das Christentum damit übrigens ganz in jüdischer Tradition. Das ist (wiederum übrigens) oft so. Schalom Ben Chorin sagte mir einmal, seine Großmutter habe gesagt (wieder selbst ein Musterbeispiel von Überlieferung), „wie es sich christelt, so jüdelt's sich auch." Nun hören wir nicht auf jüdische Bestsellerautoren der Gegenwart sondern gehen wir an die Quelle: Zum Talmud – zur Mischna: „*Mosche qibbel Tora mi-Sinai* – Moses hat die Tora am Sinai empfangen", beginnt der Talmud-Traktat

Pirqe Abot – Sprüche der Väter. Dann geht es weiter: Moses überlieferte sie Josua, Josua den Männern der großen Versammlung (...) Simon der Gerechte gehörte zum Rest der großen Versammlung (...) Antigonos aus Socho empfing (die Tora) von Simon ... und so weiter, und so fort; jüdisch gesprochen bis zum letzten kleinen Diaspora-Rabbiner; katholisch, bis zum allerletzten Dorfkaplan. Alle stehen sie in der Traditionskette gleichsam mit Moses auf dem Sinai, und alle bekennen sie: Wahr ist nur das, was ich empfangen habe; der Glaube kommt vom Hören. Wir sagen es nochmals anders: Nichts, was aus mir selbst kommt, ist wahr.

Ja holla! So geht es aber nicht! Soll das etwa heißen, ich mündiger Mensch des einundzwanzigsten Jahrhunderts brauche spirituelle Ratgeber? Bevor nun jemand sagt: „Ratgeber können ja nicht schaden!", formulieren wir nochmals strenger: Ich mündiger Mensch des einundzwanzigsten Jahrhunderts brauche *notwendig* und *unbedingt* spirituelle Ratgeber. Da sag ich es doch mit Paulus: „Das sei ferne", und des weiteren folge ich seiner Maxime „Prüfet alles!"

In meinem Inneren werde ich schon erkennen, was gut für mich ist. Da es keine absolute Wahrheit gibt, finde ich die meine. Mein Karma gibt mir den Weg zum Leben vor, aber niemand sonst.

Und nun Sie:
Widersagen Sie der Überlieferung? – Ich widersage!
Widersagen Sie dem Heil im Fleische? – Ich widersage!
Widersagen Sie der religiösen Tradition und all ihren Verlockungen? – Ich widersage!
Sagen Sie: Ich bin frei und selbstbestimmt.
Sagen Sie: Ich bin Gnostiker!

Puritanical Correctness

Der Begriff „Puritaner" wird heute meist als Vorwurf gebraucht, gerne in Wendungen wie: „in fundamentalistisch-puritanischen Kreisen Amerikas", oder „ein viel zu konservativ-puritanischer Zugang zur Lebenswelt der Gegenwart", oder – ach Sie wissen schon! Das trifft zwar einen Teil der Wahrheit, aber nicht die ganze. Also schauen wir mal genauer hin.

Im Gegensatz zum Puritaner hat es der Purist einfach. Der Purist ist allgemein gern gesehen und allerseits hochgeschätzt. Jemand, der reinen alten akustischen Blues hört, ohne dabei E-Gitarren und Saxophone zu goutieren, ist ein ernst zu nehmender Liebhaber dieser Musik und somit ein anerkanntes, wenn auch leicht verschrobenes Mitglied der Kaste der Musikliebhaber. Ein anderer, der nie Rotwein zum Fisch trinken würde und der die bloße Existenz von Ketchup für einen dreisten Angriff auf die abendländische Kochkultur hält, mag zwar als etwas monomanisch gelten, wird aber doch allgemein respektiert. Es gibt eben eine Grenze zwischen dem akzeptierten Puristen und dem allseits abgelehnten Puritaner.

Worin nun besteht diese Grenze?

Nähern wir uns dem schweren Begriff von der anderen Seite. Bestimmten Formen des Puritanismus, auch den religiösen, auch den christlichen, wird gerne der Vorwurf des Puritanismus gemacht, wenn in Wahrheit Prüderie gemeint ist, und leider ist dieser Vorwurf oft genug nicht von der Hand zu weisen. Es gibt natürlich unbegründete Prüderie; ja, bei genauerem Hinsehen ist streng genommen jegliche Prüderie unbegründet. Werfen wir einen Blick ins neunzehnte Jahrhundert, so stellen wir fest, daß der damals aktuell modische Kampf gegen die Masturbation mit uns heute eigenwillig anmutenden Mitteln gekämpft wurde. So sollte – dies die Perspektive des deutschen Großbürgertums – ausgerechnet der Matrosenanzug als Heilmittel dienen. Die britische und amerikanische Perspektive war noch drastischer: hier wurde die Beschneidung des Mannes als Hilfsmittel gegen sexuelle Erregung verkündet.

Dies soll im Folgenden Gegenstand unserer Untersuchung sein. Aber Achtung: Hier geht es nicht um Beschneidung in den Religionen. Lassen Sie uns trotzdem ein Blick auf die Beschneidung aus religiösen Gründen werfen, gerade um einen andersfarbigen Hintergrund für das zu haben, was dann kommen wird.

*

Schlagen wir das Buch Genesis auf, so lesen wir im siebzehnten Kapitel, daß nach der Berufung des Abram und einigen wichtigen Ereignissen – so seiner Begegnung mit Melchisedech – und auch nach einigen Krisen es zu einer entscheidenden Wendung kommt. Im Alter von neunundneunzig (!) Jahren hat er eine Erscheinung, und der allmächtige Gott verkündet ihm zwei Dinge: er soll erstens einen neuen Namen tragen, nämlich den Namen Abraham – Vater einer Menge –, und zweitens wird dazu als Bundeszeichen die Beschneidung gesetzt. „Alles Männliche soll bei euch beschnitten werden, dies sei das Bundeszeichen zwischen mir und euch, im Alter von acht Tagen soll jeder Knabe beschnitten werden." Dieses Bundesgebot zeigt noch im selben Schriftkapitel zweifache Konsequenzen: Abraham bekommt die verbindliche Verheißung der Geburt des heißerwarteten Sohnes. So wie diese Verheißung für einen neunundneunzigjährigen Mann befremdlich wirkt, so hat auch die zweite Konsequenz etwas Befremdliches: Abraham beschneidet die Männer seines Hauses, aber eben auch sich, und das mit neunundneunzig Jahren. Spannende Konflikte stehen im weiteren Verlauf der Erzählung noch an, aber ein Anfang ist gemacht. Hier ist die Regel grundgelegt, an die das Volk Israel sich in Zukunft halten soll und wird. Weiteres kann jeder Leser einer Bibel oder einem Bibellexikon entnehmen

Einen Bibeltext zum Thema Beschneidung darf ich Ihnen dann allerdings doch nicht vorenthalten, drei kleine Verse aus dem Buch Exodus sind so ziemlich das wildeste und archaischste, was das Alte Testament zu bieten hat. Er befindet sich in der Bibel, die Sie in der Zwischenzeit hoffentlich nicht fortgelegt haben, im Buch Exodus, im vierten Kapitel ab Vers 24. Eigentlich wollte ich Ihnen diesen Text jetzt kurz übersetzen, aber das ist schwieriger, als ich dachte. Wohlgemerkt: Der Text bietet grammatisch keine unlösbaren Probleme, dennoch ist die Übersetzung fast unmöglich, da viele Sätze nach dem Motto „ER sah, daß ER IHM etwas gab" ablaufen und es äußerst schwer ist, jeweils genau zu entscheiden, wer dieser ER ist. Moses? Sein Sohn? Gott?

Also denn, ich versuche es mit der Übersetzung: Unterwegs in der Nachtherberge trat der Herr dem Moses entgegen und wollte ihn töten. Da nahm Zipporah einen Fels und beschnitt die Vorhaut ihres Sohnes. Was steht da? Der Gott des Alten Bundes, unser Gott, beschließt aus heiterem

Himmel, Moses zu töten. Zipporah, die Frau des Moses, beschneidet ihren – wohl auch seinen, aber das steht da nicht – Sohn. Zwei, drei Seiten davor haben wir übrigens schon gelesen, daß eine der beiden Mägde der Hebräer in Ägypten eine gewisse Zipporah war. Die Vorhaut nun warf sie ihm – dem Herrn? Moses? Dem Sohn? – vor die Füße, oder auch sie strich sie ihm an die Beine – und das hebräische Wort kann auch Geschlechtsteil heißen. Und dann sagt sie die – wenn nicht fast schon magischen, so doch hochpoetischen Worte: Ja, wirklich, Bräutigam der Blutströme; du bist es; für mich!

Auch wenn der Text uns nicht in allem begreiflich ist – und nehmen Sie mal verschiedene Bibelübersetzungen zur Hand; Sie werden sich wundern, was da so alles raus- und reinübersetzt wird –, man erkennt auch im tiefen – man möchte sagen blutrot leuchtenden – Dunkel die Wichtigkeit des Themas. Moses, der Mann Gottes, der schon seine Berufung aus dem Dornstrauch erlebt hat, dem sich Gott schon offenbarte, hat – für sich oder seinen Sohn – das Zeichen des Bundes noch nicht vollzogen. Dessen Bedeutung wird ihm dann in unserem Text auf eindrückliche Weise klargemacht. Ihm zum Schrecken, aber eben auch: ihm zum Heil!

Und darum stehen dann auch wir Christen hier an den Anfängen unserer Heilsgeschichte. Gottes Bund, auch mit uns, er beginnt an dieser Stelle.

So wie Thomas von Aquin allgemein über die „Sakramente des Alten Bundes" schreiben kann:

Poterat dici Christus immolari etiam in figures Veteris Testamenti

(S.Th. III 83)

„Und so kann man sagen, daß Christus auch in den (Vor-)Bildern des Alten Bundes geopfert wurde." Und er führt dann weiter aus, daß daher zumindest der Glaube der Väter bezüglich dieser Zeichen Heil und Gnade gewirkt habe.

Also wie Thomas allgemein über die Heilszeichen des Alten Bundes schreibt, so Augustinus konkret über die Beschneidung. In einem Brief an den donatistischen Bischof Maximinus schreibt er im Jahre 392:

Wäre ich zu den Zeiten des Alten Bundes ein Jude gewesen, so wäre ich, weil mir nichts Besseres zur Verfügung gestanden hätte, natürlich beschnitten worden. Dieses „Siegel der Gerechtigkeit des Glaubens" (Röm 4/11) galt in jener Zeit, bevor es durch die Ankunft des Herrn aufgehoben wurde, so viel, daß der Engel den kleinen Sohn des Moses erwürgt hätte, wenn nicht die Mutter einen scharfen Stein genommen, den Knaben beschnitten und so durch dieses Sakrament die drohende Gefahr beseitigt hätte (Gen 4 s.o.). Dieses Sakrament bezwang auch den Jordan und führte ihn an seine Quelle zurück. (Augustinus meint wohl, daß die beschnittenen Israeliten den Fluß bei der Landnahme durchschreiten konnten).* Dieses Sakrament hat auch der Herr selbst, obwohl er es durch seinen Kreuzestod aufhob, dennoch nach seiner Geburt empfangen (Luk 2/12). Denn jene früheren Bundeszeichen sind nicht als böse verurteilt worden, sondern mußten lediglich den späteren und besseren weichen. Wie die erste Ankunft des Herrn die Beschneidung aufgehoben hat, so wird seine zweite Ankunft die Taufe aufheben.

---

* Ganz streng genommen durchschreiten die Israeliten allerdings zuerst den Jordan (Jos 2) und werden dann erst beschnitten (Jos 5).

Und wegen der letzten Bibelstelle feiern auch wir Christen den Neujahrstag – den achten Tag nach Weihnachten als das Fest der Beschneidung des Herrn und somit – mit Martin Luther gesprochen – „daß unser Herr Jesus Christus ein geborener Jude sei!"

*

Sprechen wir noch kurz über die Beschneidung im Islam: Da wird's schon schwieriger. Die Beschneidung im Islam ist etwas ganz anderes als die Beschneidung im Judentum oder die Taufe im Christentum. Man wird nicht Moslem durch die Beschneidung, sondern zum Übertritt reicht das Aussprechen der Schahada:

> *La Ilaha ila 'llah – muhammadun rasul'ullah –*
> *Es ist kein Gott außer Allah, und Muhammed ist*
> *Prophet Allahs.*

Das ganze ausgesprochen vor zwei Zeugen, und schon ist man Muslim. Die Beschneidung findet sich nicht im Koran und ist nur eine (allerdings dringende) Empfehlung des Propheten aus der Überlieferung. Sie steht aber nicht im Kontext der Glaubensübernahme, sondern der Reinheitsvorschriften (tahara) und bildet ein Quintett mit solchen Regeln wie seine Fingernägel zu schneiden. Es gibt auch keinen festen Zeitpunkt für den Vollzug – die Empfehlung geht zum siebten Lebenstag. Der uns in Deutschland am häufigsten begegnende, türkisch geprägte Islam handhabt dies allerdings anders. Die Beschneidung findet nicht möglichst früh statt, sondern als eine Art von Mannbarkeitsfest bei (vor-)pubertären Knaben. Daran entzündet sich dann auch regelmäßig Kritik, insbesondere wenn der Eingriff ohne Betäubung vorgenommen wird.

Sei es wie es will, Beschneidung aus religiösen Gründen ist hier nicht unser zentrales Thema.

Sehr wohl interessiert uns hier aber eine Beschneidung aus anderen Gründen, und damit beenden wir unseren Exkurs und sind wieder beim Puritanismus und der Prüderie.

*

Schon im achtzehnten Jahrhundert empfahl der schweizerische Arzt Simon August Tissot die Beschneidung im Kampf gegen die Masturbation. Er wartete dabei interessanterweise nicht mit einer explizit sexuellen oder sexualwissenschaftlichen Begründung auf, sondern entwickelte ein Horrorszenario – oder sollte ich lieber sagen, eine Büttenrede? Der Samen des Mannes werde mühsam aus dem Blut gewonnen. Werde dieser nun verschwendet, so entspreche dies einem hohen Blutverlust. Viele Krankheiten, besonders Schwächungen des Gehirns und der Nervenbahnen, seien die Folge.

Mag bei Tissot noch die Prüderie einer calvinistisch-puritanisch geprägten Gesellschaft der französischsprachigen Eidgenossenschaft im Hintergrund gestanden haben, so springt hundert Jahre später bei unserem nächsten Zeugen die Prüderie in blanke Sexualfeindlichkeit um.

John Harvey Kellogg (geb. 1852) war nicht nur ein Vater der Reformkostbewegung und des Vegetarismus – ja, es ist derselbe Kellogg, der mit seinem Bruder die Cornflakes erfand und vermarktete –, sondern er war auch ein Kämpfer gegen die sexuelle Erregung. So war er nicht nur stolz darauf – und verkündete dies auch jedem, der es hören wollte und übrigens auch jedem, der es nicht hören wollte –, seine Ehe nie vollzogen zu haben, sondern im Kampf gegen die Begierde empfahl er folgendes:

Ein Heilmittel, das bei kleinen Jungen nahezu immer erfolgreich ist, ist die Beschneidung (...) Die Operation sollte von einem Arzt ohne Anwendung von Betäubung durchgeführt werden, weil der kurze Schmerz bei der Operation einen heilsamen Effekt auf den Verstand hat, besonders, wenn er mit Gedanken an Strafe in Verbindung gebracht wird. (...) Bei weiblichen (Patienten), so hat der Autor herausgefunden, ist die Behandlung mit unverdünnter Karbolsäure (Phenol) der Klitoris ein hervorragendes Mittel, die unnatürliche Erregung zu mindern.

Heute – da sexuelle Enthaltsamkeit dem Zeitgeist weniger entspricht – läuft die Begründung für eine nichtreligiöse Beschneidung meist auf anderen Schienen. Schlagen Sie ein Lexikon auf, googeln Sie ein wenig, oder lesen Sie Frauenzeitschriften, Sie werden diverseste medizinische Begründungen für die Beschneidung bei Männern finden. Vielleicht den Klassiker, daß sie Gebärmutterhalskrebs bei Frauen verhindern kann – immerhin gab es mal in den 70ern Untersuchungen, die dies nahezulegen schienen –, aber selbst die abenteuerliche Idee, daß HIV-Infektionen dadurch unwahrscheinlicher werden, findet sich.

Einhergeht dieses Thema mit medizinischen oder, sollte ich lieber sagen, evolutionsbiologischen Moden. Treu dem alten rheinischen Motto „watt fott is, is fott", gab es in den 60er Jahren eine fast schon pathologische Suche nach Rudimenten, jenen angeblichen evolutionären Relikten im Körper, die zwar irgendwann in der Stammgeschichte wichtig gewesen sein mögen, aber jetzt funktionslos von Generation zu Generation weitergegeben werden. Mein altes Biologiebuch nannte da z.B. die „Beckenknochen" des Wales als heutzutage überflüssige Rudimente. Als der Wal noch – wie Erich Kästner im Vorwort seines Kinderromans *Emil und die Detektive* so schön beschreibt – auf einer nicht gesicherten Beinzahl durch den Urwald lief, brauchte er diese Knochen halt noch, heute nicht mehr. Und so wurde denn bei uns in den 60er Jahren Geborenen heraus- und heruntergeschnibbelt, was sich ohne Widerstand heraus- und herunterschnibbeln ließ. War der Bauch sowieso schon mal auf, kam auch der Blinddarm gleich mit raus. Ich für meinen Teil verdanke es nur der Dickköpfigkeit meiner Mutter, daß ich trotz vieler Erkältungen und Halsentzündungen in der Vorschulzeit immer noch beide Mandeln besitze. Und in diesem Zusammenhang konnte es dem Knaben auch schon mal an die Vorhaut gehen.

Bei unserer Untersuchung des Wortes „Puritanismus" dürfen wir uns ganz zum Schluß allerdings eines nicht verhehlen: Oft dient der Vorwurf des „Puritanerseins" auch einfach nur der Diskreditierung moralischen Handelns. Jemand, der keine Steuern hinterzieht, wird als Moralist beschimpft, und wer keine Promiskuität pflegt, ist halt eben ein Puritaner. Daß bei der diese Vorwürfe gebrauchenden Masse gerne auch die Konnotation „ganz schön blöd, der" mitspielt, sei geschenkt.

Werfen wir nun einen Blick auf die Entstehung des eigentlichen Puritanismus; werfen wir einen Blick auf das England des sechzehnten Jahrhunderts. Heinrich VIII., jener König, der den vom Papst verliehenen Titel „*defensor fidei* – Verteidiger des Glaubens" mit Stolz trug und trotzdem die Glaubenseinheit mit Rom vorsätzlich zerstörte, war bekanntlich ein begnadeter Musiker. Ja, da habe ich Sie überrascht; jedoch hören Sie einmal sein *Passetyme with gude companye,* und Sie werden begeistert sein. Darüber hinaus war er im Umgang mit seinen innenpolitischen Gegnern als Engländer von bemerkenswerter Fairness: Altgläubige wie Neugläubige wurden gleichermaßen umgebracht.

Dies änderte sich erst unter seiner Tochter Elisabeth. Diese hatte eindeutige Präferenzen, und so stieg die Zahl der katholischen Martyrer in Merry Old England unaufhaltsam. Hatte sie sich kirchenpolitisch auch eindeutig für die Reformation und eine englische Staatskirche entschieden, so war sie andererseits, was die Formen und Zeremonien betrifft, ganz auf alter Linie. An ihrem Hof, im Theater und in der Kirche liebte sie es bunt und prächtig.

Dagegen regte sich aber bald Widerstand. Eine Gruppe von Gläubigen wandte sich dem *studium purioris religionis* – dem Studium der reineren Religion zu. Unter der geistigen Führerschaft des Thomas Cartwright versuchten sie, die Kirche von allem Tand, von Bildern, Zeremonien und Riten zu reinigen. Und so entwickelte sich dann vom englischen Wort *to purify*/reinigen auch die Bezeichnung dieser Gruppe: Puritaner. Es waren also nicht eigentlich die Reinen – wie die alten Katharer sich nannten, sondern es waren die Reiniger.

Die nächsten Jahrzehnte tobte der Streit im Dreieck zwischen den Puritanern, der monarchischen Hochkirche und den auch noch nicht besiegten romtreuen Kräften hin und her.

Zur Eskalation kam es dann unter der Herrschaft von Charles I. Dieser hatte mehr oder weniger deutlich versucht, die Kirche von England wieder auf Romkurs zu bringen. Da er dies nicht immer geschickt tat, kam es schließlich zum Bürgerkrieg und zur letztendlichen Hinrichtung des

Königs. Uns interessieren hier nicht die Schlachten und die Toten, aber in der Auseinandersetzung tun sich Symboliken auf, die bis heute nachwirken. Schon von weitem konnte man die Kämpfer unterscheiden. So gab sich der Anhänger des Königs prächtig und individuell. Er, der sich Kavalier nannte, trug farbige Kleidung und als guter Katholik (natürlich, hätte ich jetzt beinahe gesagt!) langes, wallendes Haar.

Auf der anderen Seite standen ihm die puritanischen Kämpfer entgegen, die von einem gewissen Oliver Cromwell befehligt wurden; eine farblose, graue Masse. Fast schon wie die Mönche des Mittelalters hatten sie die Köpfe geschoren, so daß bald bei ihren Gegnern wie bei ihnen selbst die Bezeichnung *roundhead*/Rundschädel aufkam. Nach dem Sieg dieser *roundheads* wurde der König gefangengenommen und am 30. Januar 1649 hingerichtet. Einen letzten Triumph gönnte sich Charles I. aber noch, indem er seinen Tod als eine Art Mysterienspiel, fast schon als ein Fest inszenierte. Gleichsam als *„Christus alter"* ließ er sich in der gekreuzigten Armhaltung als Martyrer der Wahrheit enthaupten.

Nach diesem Hinrichtungsfest übernahm Oliver Cromwell als Lordprotektor die Herrschaft über die nunmehr monarchenfreie Insel. So sehr aber betrieb er seinen Puritanismus, indem er eine rigorose Sonntagsheiligung nicht nur ohne jede (!) Arbeit, sondern auch ohne jede Vergnügungen durchsetzte und selbst das im Volke so beliebte Theater verbot, daß nach seinem Tod einer Wiedererrichtung der Monarchie nichts mehr entgegengesetzt werden konnte. Der Puritanismus zog sich aus der aktiven Herrschaft zurück, prägte aber nichtsdestoweniger das Land von unten.

Historisch steht der Puritanismus in Beziehung zum calvinistischen Zweig der Reformation, und so finden wir auch hier viel calvinistisches Gedankengut. Die Aufgabe des guten Christen in der Welt ist die Pflichterfüllung, auf daß er Wohlgefallen finde bei Gott und den Menschen. So weit eigentlich nichts Besonderes. Diese Idee findet sich eigentlich in jeder christlichen Konfession, ja genau genommen in jeder Religion. Das besondere am Calvinismus ist nun, daß man an diesem Wohlgefallen und auch weltlichen Wohlergehen die Erwähltheit durch Gott erkennen kann. Reichtum ist hier auf einmal nicht mehr eine das ewige Seelenheil bedrohende Gefahr, sondern ganz im Gegenteil Zeichen der Heilszuwendung Gottes, als Zeichen der göttlichen Bestimmung zum Heil, als Zeichen der Erwählung, der Prädestination.

Nicht alles hat der Puritanismus vom Calvinismus übernommen – so finden sich in den späteren puritanischen Erbauungsbüchern auch Anklänge an barockes, katholisches Gedankengut –, eins aber ist unaufgebbar: die äußerliche Erkennbarkeit der Moral.

Und wenn es den Manichäern und den Gnostikern um Essen oder Nichtessen und um Sex oder Nicht-Sex geht, so geht es den Puritanern um Geld oder Nicht-Geld. Der gottgegebene Wohlstand spiegelt den – auch von außen erkennbaren – moralischen Lebenswandel wider.

Worin zeigt sich nun das puritanische Erbe heute? Denn es geht ja, wie gesagt, um die äußere Erkennbarkeit der Moral. Da erblicken wir sie denn am Horizont, die zwei Buchstaben, das P und das C. Nein, es geht hier nicht um das Bürogerät, das angeblich vor zwanzig Jahren in Österreich noch Blechtrottel genannt wurde, nicht um die Maschine, die sich den Namen mit der mittelalterlichen Bezeichnung für den Rosenkranz oder auch für eine astrologische Tabelle teilt. Es geht nicht um das *Computorium,* nicht um den Personal Computer, nein es geht nicht um *den* PC; es geht um *die* PC. *Die Political Correctness,* die tief in unser Leben und Verhalten eingreifen will.

Um ein Beispiel zu bringen: Eines Morgens wacht man ahnungslos auf und darf plötzlich nicht mehr „Neger" sagen, so fordert es die Political Correctness aus heiterem Himmel. Was man genau sagen soll, ist dann in unzähligen Kabarettprogrammen verarbeitet worden. „Sagen Sie nicht Farbige – die Studienrätin in der Midlife-crisis, die sich mit Fingerfarben in der Toskana selbst erfährt, die ist farbig – das, was Ihnen in der Bronx begegnet, ist schwarz." Und wenn das Wort „schwarz" dann auch zu sehr diskriminiert – obwohl bei uns zu Hause am Rand des Ruhrgebietes sind die „Schwatten" entweder Bergarbeiter oder Katholiken oder CDU-Wähler –, also wenn „schwarz" dann als Bezeichnung auch böse ist, sagt man dann „maximal-" oder „optimalpigmentiert"?

Spannend ist dabei, daß sich eine der ersten Strömung der kulturellen Selbstbehauptung der schwarzen Menschen gerade *Négritude* nannte. Was war das für eine Bewegung, und wie war es dazu gekommen?

In den Zwanziger- und Dreißigerjahren des zwanzigsten Jahrhunderts entsteht unter jungen schwarzen Studenten und Dozenten in Paris ein Zusammenschluß. Im sogenannten Clamart Salon bringen dabei die beiden Schwestern Paulette und Jane Nardal die jungen Intellektuellen in Kontakt mit einer der ersten schwarzen Kulturbewegungen Amerikas, der *Harlem Renaissance.* Bald erscheint auch die erste Zeitschrift: *La revue du Monde Noir.*

Die drei Urväter der Bewegung – ja, sie wurden und werden wirklich *„les trois pères"* genannt – waren dabei. Aimé Césaire von den Antillen, Léopold Sédar Senghor aus dem Senegal und schließlich Léon-Gontran Damas aus Französisch-Guayana. Ihnen war klar, was sie ablehnten, nämlich das koloniale Integrationsangebot der *Francité* (das Angebot, daß die Kolonisierten – sich assimilierend – zu „Hundert Millionen Franzosen" werden sollten). Aber was konnten sie an dessen Stelle setzen? Sie kamen von unterschiedlichen Kontinenten (somit fiel etwa die Bezeichnung „afrikanisch" weg); ihre Sprache teilten sie mit ihren Kolonialmächten in Belgien und Frankreich und einerseits auch mit so unbeteiligten Völkern wie den Kanadiern und den Schweizern und andererseits noch mit anderen französischen Kolonien zum Beispiel in Indochina. Was blieb, war das, was der politisch korrekte Zeitgenosse heute für unaussprechlich hält: ihre *Négritude,* ihr Negertum. Sei Neger und sei stolz darauf!

Die weitere Geschichte der Bewegung können wir hier außer Betracht lassen. Von Jean-Paul Sartre schließlich wurde die Négritude gar als Antithese im hegelschen Sinn zum kolonialen Rassismus gepriesen. Aber leider, leider, auch der Neger darf den Neger heute nicht mehr Neger nennen.

Doch selbst wenn wir korrekten Deutschen und Amerikaner das Wort nicht mehr verwenden dürfen, was um alles in der Welt soll der arme Portugiese machen? In einer Sprache, wo der Schwarze *„negro"* heißt, sind Hate crimes ja kaum zu vermeiden. Eine alte Schallplatte aus Familienbesitz – und ich meine jetzt wirklich so ein schwarzes Vinylteil mit 45 Umdrehungen pro Minute – diente mir, wie ich jetzt erfahre, augenscheinlich schon in frühester Jugend als Instrument zu schlimmsten Verbrechen. Im Refrain dudelte diese nämlich oft und öfters: „Schönes Mädchen vom Rio Negro, tralali tralala …", und diese erschreckende Mischung aus sexistischen und rassistischen Andeutungen wurde von mir und meiner Familie nicht nur nicht zurückgewiesen, sondern sogar goutiert.

Ach, laß den Portugiesen Portugiese sein – und ich beeile mich, sicherheitshalber hinzuzufügen, auch die Portugiesin Portugiesin. Es gibt deutlich schlimmeres: Wer mag schon Schaumküsse essen, der sein Leben lang an Negerküsse gewöhnt ist? Daß der Mohr vom Mohrenkopf zu neuen Ehren kommen wird, ist auch unwahrscheinlich, und auch die aus Thomas Manns großbürgerlicher Jugend in Lübeck überlieferte Bezeichnung „Othello" dürfte durch das Raster der Political Correctness fallen. Also bleibt nur eine Lösung: Wem der Schaumkuß in Zukunft zu häßlich schmeckt, der muß gut österreichisch „Schwedenbombe" sagen.

Dabei haben wir doch alle bei Karl May gelernt, es gibt das gute Wort *negroe,* und es gibt das böse Wort *nigger.* Wenn der schwarze New Yorker Rapper dann sich und seinesgleichen durchaus stolz Nigger nennt, dann mag das für ihn nur heißen, daß er eben nicht Karl May gelesen hat. Unser Problem löst es nicht. Als konsequenten Höhepunkt begegnete mir in einer Behinderteneinrichtung, in der ich einige Stunden die Woche arbeite, ein besonders herrliches Blümlein der Political Correctness. Wenn man für eine Teilnahme an einem Karnevalszug das Thema Afrika hat und sich entsprechend verkleidet, so kann man die Affen weiterhin Affen nennen und die Safarijeeps weiterhin Safarijeeps. Wie nennt man aber die Teilnehmer mit den geschwärzten Gesichtern? Die Lösung ist so verblüffend wie einleuchtend: Afro-Afrikaner!

Ein weiteres Beispiel gefällig? Nun begeben wir uns auf die Ebene der Comic-Hefte: Political correct wurde dem armen Lucky Luke die Zigarette aus dem Mundwinkel gestohlen und durch einen Grashalm ersetzt

Köstlich karikiert dies der Film *Tous à l'Ouest/Lucky Luke – Auf in den Wilden Westen* von 2007. Nach den üblichen Auseinandersetzungen kommt es gegen Ende des Streifens zum ebenfalls üblichen Friedensschluß mit den Indianern. Als dann ein Greenhorn fragt: „Oh, jetzt rauchen wir die Friedenspfeife?", gibt es die Antwort: „Nein, nein, heutzutage benutzen wir Friedenspflaster!" Das halluzinationsreiche Ritual wird dann ausgiebig geschildert, und gleichsam als humoristischer Höhepunkt sagt schließlich Lucky Luke: Ich hatte es oft nicht einfach; ich mußte schließlich jahrelang auf einem Strohhalm kauen!"

Dies ist der ironisch französische Umgang mit der Political Correctness im Comic. Ganz anders ergeht es einem weiteren Heldencharakter des Genres: Spiderman. Im Jahre 2011 begann der Marvel Verlag die 1962 von Stan Lee und Steve Ditko geschaffene „weiße" Comic-Figur Peter Parker, die sich hinter der Maske des Superhelden verbirgt, durch einen halben Afroamerikaner und halben Hispanic mit dem Namen Miles Morales zu ersetzen. Und schon stimmen Demographie und Political Correctnes wieder, womit ja alles supergut wäre!

Ich habe jetzt keine Lust, alle Felder durchzuspielen, auf denen die neue Religion tobt. Nein ich rege mich (ausnahmsweise mal) nicht über inklusive Sprache und deren Ablehnung auf. Ich kommentiere Bildungen wie „Bürger- und Bürgerinnenmeisterinnen- und meisterkandidat und -kandidatin" jetzt einfach mal nicht. Ich weise nicht darauf hin, daß ein Binnen-I häßlich aussieht und daß das Gegenteil von StudentInnengemeinde eben gerade Student-Außengemeinde ist.

Selbst daß es sogar homosexuell lebende Menschen geben soll, denen der (gar nicht mal so gute) alte Schwulenwitz lieber ist als der Exhibitionismus einer Christopher-Street-Day-Parade, bleibt hier einfach mal unerwähnt.

Eine kleine Überlegung muß aber noch sein. Da gibt es Länder, die haben sich weiland bei der Hexenverfolgung weit nach vorne gebracht. Ich nenne: einige Teile Deutschlands, England und Schottland, die Schweiz und die Vereinigten Staaten (damals noch als –allerdings doch recht selbständige – englische Kolonien). In anderen Ländern dagegen gab es kaum Hexenverbrennungen, so in Spanien oder Italien.

Lassen Sie uns in einem zweiten Durchgang die Länder betrachten, in denen die Political Correctness entstanden ist oder am intensivsten betrieben wird. Dies sind: einige Teile Deutschlands, England und Schottland, die Schweiz und die Vereinigten Staaten. In anderen Ländern dagegen gibt es so etwas kaum, so in Spanien oder Italien.

Fragen Sie jetzt bitte, welche dieser Länder calvinistisch-puritanisch geprägt sind und welche nicht, und dann führen Sie den Gedanken einfach zum Ende, aber – um Gottes Willen! – behalten Sie das Ergebnis für sich und verkünden es nicht öffentlich. Gut, es wird Ihnen nicht ans Leben gehen, aber doch ans gesellschaftliche Ansehen und vielleicht bald an den Geldbeutel. Wenn Diskriminierungsverbrechen und hate crimes in Deutschland endlich so streng bestraft werden, wie in anderen Ländern schon länger üblich. Fürwahr, im Mainstreamverhalten der PC-Fraktion steckt viel Geld, so wie ja auch in den Hexenprozessen eine Menge Geld steckte

In der Bewegung hin zu politisch korrektem Verhalten steckt Geld? Lieber Autor, mag jetzt mancher Leser fragen, gehst du da nicht etwas zu weit? Nun, ich denke nicht. Können Sie sich wirklich vorstellen, daß jemand eine Abtreibungsklinik aufmachen will, weil er Frauen helfen will? Oder, ich darf gleichsam als advocatus diaboli nochmals strenger nachfragen: Können Sie sich vorstellen, daß jemand eine Abtreibungsklinik aufmachen will, weil er Frauen helfen will, auch wenn es dafür kein Geld gibt? Den eigentlichen Urgrund der Political Correctness hat schon Jesus mit dem schönen Wort „Mammon" bezeichnet. In Abtreibung steckt Geld, aber viel mehr Geld steckt in Abmahnungen. Und wenn der schwedische freikirchliche Pastor verurteilt wird, weil er – wohlgemerkt nicht in einem Fernsehinterview, sondern in einer Predigt in seiner Kirche – gesagt hat, daß Homosexualität dem Willen Gottes widerspricht, so finanziert er ja vielleicht gerade damit den staatlichen Zuschuß für eine Antirassismuskampagne oder den örtlichen CSD-Umzug.

Mag der Puritaner seine Ziele zum Teil geändert haben, und in bezug auf die Sexualmoral hat er sie ja um hundertachtzig Grad gedreht; zwei seiner Grundprämissen sind und bleiben die gleichen: (1.) Die Moral bleibt öffentlich, und (2.) am Geld ist das Wohlgefallen – wenn auch nicht mehr Gottes, so doch der Mainstream-Menschheit – erkennbar.

Und so ist der Puritaner dann heute besonders puritanisch, wenn er liberalistisch ist. Und so werden Kriege heute nicht für Reinheit und Freiheit geführt, sondern mit puritanistischer Attitüde zieht die UN oder die WHO in den Kampf für freie Marktwirtschaft und das Recht auf Abtreibung.

„Wie lautet die Losung, Fremder?" – „Puritanical Correctness!"

Ab und zu treffe ich mich heimlich mit Karl Marx, meinem modischen Vorbild, das mir auch in bezug auf Haar- und vor allem Barttracht zum Ansporn dient. Und dann stellen wir bei einem Glas Moselwein, weiß (der Karl zieht diesen eigentümlicherweise dem roten vor!), fest: Die einzigen Werte, um die es beim alten wie beim neuen Puritaner geht, von Oliver Cromwell bis Pro choice, sind monetärer Natur. Und das ist nicht gut so!

Von Dalmatinern und Donatisten

Waren Sie schon mal in Split? Nun, ich gebe zu, auch bei mir ist es etwas länger her. Damals hieß die Flanierpromenade am Hafen, der man heute, ob um den Tourismus anzukurbeln oder um die kroatisch-nationalistischen Zagreber zu ärgern, den Namen Riva gegeben hat, noch Obala Maršala Tita. Diese Perle Süddalmatiens … –

Wie, Sie waren noch gar nicht in Split? Ach, Entschuldigung! Dann folgen Sie mir bitte. Wir stehen an der Riva, vor uns das Hafenbecken, das sich weiter hinten im Blau der Adria verliert. Uns gegenüber die Insel Čiovo. Von rechts grüßt der parkähnliche kleine Berg Marjan herüber, und wenn wir uns dann umdrehen, können wir durch eines der vier Tore die Altstadt betreten. Diese Altstadt aber nun hat es in sich. Wir gelangen durch römische Gewölbe auf mittelalterliche Plätze, wir erblicken Kirchen und Paläste und sehen in der Nähe des Museums für kroatische Volkskunde Kinder auf einer kleinen Sphinx spielen. Moment – eine Sphinx? Wir gehen hin und sehen, ja, wirklich eine altägyptische Sphinx, kein barockes oder klassizistisches Imitat. Wir befinden uns in einem begehbaren historischen Museum, aber ohne die übliche Steifheit solcher Einrichtungen, so mehr auf Basis eines Glas Rotweines oder eines Espressos. Split ist eine herrliche Stadt!

Nicht hinwegtäuschen kann all diese Herrlichkeit aber über die Tatsache, daß Split immer nur die Nummer Zwei ist und war. Die größte Stadt Kroatiens ist die Hauptstadt Zagreb, und wenn der Kulturtourist Dalmatien besucht, besichtigt er „natürlich" zuerst Dubrovnik. Selbst das Marienbild der Muttergottes von der Ewigen Hilfe im Franziskanerkloster wird für den einheimischen Gläubigen von der Sinjska Majka übertroffen – der Muttergottes von Sinj, einer Kleinstadt 25 Kilometer entfernt, für den auswärtigen Sakraltouristen aber vom ebenfalls gar nicht so weit entfernten Medjugorje in den Schatten gestellt.

Einmal aber war Split die Nummer Eins. Gegründet wurde es nämlich – und der geschichtsbewußte Leser hat dies sicher schon an den vier Toren erkannt – von den Römern. Genauer, von Kaiser Diokletian, der sich, angewidert von den Städten des Römischen Reichs, einen eigenen schnuckeligen kleinen Alters-, Ruhe- und Regierungssitz anlegen ließ. Gut, was Herrscher manchmal unter schnuckelig klein verstehen, weiß jeder, der einmal das „Weinberghäuschen" Friedrichs des Großen, das Schloß Sanssouci, bei Potsdam besichtigt hat. Einmal war Split also die Nummer Eins, einmal Regierungssitz des Römischen Reiches. Oder genau genommen auch das nicht ganz, da Diokletian zum Zeitpunkt des Einzuges in sein neues Heim nur Tetrarch, mithin einer von vier Teilkaisern war, wenn auch der mit Abstand wichtigste.

Dieser Diokletian nun hat sich nicht nur als Stadtgründer hervorgetan und auch außenpolitisch einige schöne Erfolge erzielt, nein, er hat innenpolitisch einige eher unangenehme Angewohnheiten gehabt. Eine davon war zum Beispiel, daß er gerne Christen ermorden ließ. Und so starben die meisten Märtyrer der frühen Kirche nicht etwa unter Kaiser Nero, wie uns Hollywood nahelegt, sondern in der diokletianischen Christenverfolgung. Ja, die koptische Kirche zählt ihre Zeitrechnung, die Ära der Märtyrer, bis heute mit dieser Verfolgung beginnend.

Der Dalmatiner an sich hat einen eigenwilligen Humor, der mir als Niederrheiner gar nicht so fremd ist. Viel katholisches Lebensgefühl, eine Portion Selbstironie, aber auch ein guter Schuß Zynismus ergeben dabei die geschmackliche Basis für den Cocktail ihres Humors. Und somit sind wir jetzt wieder in der Altstadt von Split. Wir haben auf dem Stadtplan gesehen „Katedrala sveti Duje" und gehen in Erwartung einer beeindruckenden großen Kirche – Split ist Erzbistum – dorthin. Was wir dann zu sehen kriegen, ist auch beeindruckend, aber nicht im räumlichen Sinne groß. Ein Turm, eine kleine kuppelförmige Rundkirche – das ist es. Die Kathedrale ist einfach das runde innere Gebäude des Mausoleums des Diokletian. Aber es hat einen Mieterwechsel gegeben. Statt des christenverfolgenden Kaisers liegen unter dem Altar die Gebeine des heiligen Domnius. An dieser außergewöhnlichen Stelle im Palast des Verfolgers wird dieser Märtyrer der Verfolgung verehrt und hat es immerhin schon geschafft, seinen Verfolger aus dem Hause zu vertreiben.

Auch die längste Verfolgung geht einmal zu Ende, und wenn man als Christ erst einmal Zeit und Ruhe hat, kann man beherzt damit anfangen, sich zu streiten. An sich ging es bei diesem Streit natürlich um ein ernstes Thema. Was sollte eigentlich mit denjenigen Christen passieren, die während der Verfolgung vom Glauben abgefallen waren, ob sie nun selbst bei der Unterdrückung mitgewirkt hatten, ob sie gar Heilige Bücher oder Gegenstände ausgeliefert hatten (die sogenannten *traditores*) oder ob sie auch nur die vorgeschriebenen Körnchen Weihrauch vor dem Kaiserbild angezündet hatten? Was geschah mit den *libel-*

latici, jenen, die „klug wie die Schlangen" sich eine wohlfeile, wenn auch gefälschte Bescheinigung besorgt hatten, daß sie ihre heidnischen Pflichten erfüllt hatten? Was war, wenn sie gar Priester gewesen waren? Durften sie weiter Sakramente spenden oder mußte man sie noch einmal nachweihen? Und wenn man dann die Priester nachweihen muß, muß man abgefallene Laien vielleicht auch nachtaufen? Oder macht man es ganz anders, und der Papst führt – wie es heute die Deutsche Bischofskonferenz gerne tut – eine öffentliche Bußveranstaltung durch und alles ist gut, alle können wieder mitspielen?

Nix da, sagte Bischof Donatus von Karthago: Die machen bei uns im Verein nicht mehr mit. Auch der Briefmarkenverein würde ja schließlich solche Leute wegen vereinsschädigenden Verhaltens rausschmeißen. Oder weniger flapsig ausgedrückt: der formale Abfall vom Glauben hatte *traditores* und *libellatici* aus der einmal empfangenen Gnade herausgetrieben. Man muß sich hier ganz kurz vor Augen halten, daß unser sehr praxisorientierter und bequemer Umgang mit dem Bußsakrament damals so nicht existierte. Buße war ein öffentlicher Akt und dauerte Jahre. Keine Spur vom alten Beichtwitz aus Oberbayern, wo der Pfarrer fragt: „No, Oberhuber, wos hamma denn?" – „No, Herr Pfarrer, wos man so hat!" – Darauf der Pfarrer, ein Kreuz schlagend: „No, da hamma's wieder!" Nein, nein, nicht so! Allerhöchstens einmal im Leben konnte man wieder in die kirchliche Gemeinschaft aufgenommen werden.

Diesen Rigorismus wollten Donatus und seine Anhänger sogar noch steigern. Aber vielleicht formuliere ich auch falsch, vielleicht waren sie es ja, die als einzige ihren Glauben und den Glauben der Kirche ernst nahmen. Vielleicht hatten die Laschen, die *lapsi,* wie man damals sagte, ja wirklich ihr Heil verwirkt. Und wenn sie dann Priester waren, dann konnten sie natürlich auch keine Sakramente mehr spenden. Letztendlich dreht es sich also um die Frage. die schon Cyprian (222–258) im sogenannten Ketzertaufstreit gestellt hat:

Damit aber das Wasser bei seiner Taufe die Sünden des Täuflings abwaschen kann, muß es zuvor von dem Priester gereinigt und geheiligt werden … Wie aber kann jemand das Wasser reinigen und heiligen, der selbst unrein ist?

Bis zur Mitte des dritten Jahrhunderts hatten sich in der frühen Christenheit zwei unterschiedliche Herangehensweisen herausgebildet, mit Christen umzugehen, die in einer von der Gesamtkirche getrennten Gemeinschaft die Taufe empfangen hatten und sich später der Kirche zuwandten. Besonders in Nordafrika, aber auch in Teilen Kleinasiens dominierte ein Taufverständnis, das die Gültigkeit der Taufe von der persönlichen Würdigkeit und Rechtgläubigkeit des Taufspenders abhängig machte, daher wurden die von Häretikern gespendeten Taufen als ungültig abgelehnt und bei ihrer Aufnahme in die Kirche eine erneute Taufspendung gefordert. Dagegen hatte man in Rom ein, nennen wir es objektives Sakramentenverständnis: Die in rechter Weise, das heißt mit trinitarischer Taufformel, also unter Anrufung des Vaters, des Sohnes und des Heiligen Geistes, und in rechter Absicht (Intention) gespendete und empfangene Taufe ist immer gültig, unabhängig von der Person der Taufspenders. Daher wurde bei der Aufnahme von Häretikern nur ein Bußritus, nicht aber eine neue Taufe gefordert. Wir haben oben schon gesehen, daß dieser Ritus mit öffentlicher Buße und Handauflegung durch den Bischof auch nicht so ohne war, aber immerhin kam es zu keiner Wiedertaufe.

Schon 220 n. Chr. hatte nun eine Synode in Karthago die Gültigkeit der Häretikertaufe abgelehnt. Dabei war man dem Taufverständnis Tertullians, des großen, aber nicht immer orthodoxen Kirchenschriftstellers gefolgt. Dies wurde 255 und 256 durch nordafrikanische Konzilien bekräftigt. Hintergrund hierfür war die Christenverfolgung unter Kaiser Decius (250/51), bei der viele Kleriker zu lapsi und traditores geworden waren. Und da fragten sich nun manche: Wenn wir nun die Sakramente von vielleicht gutwilligen Ketzern nicht anerkennen, was ist denn nun mit diesen Abgefallenen da? Sind nicht die von denen gespendeten Sakramente aufgrund ihrer mangelnden Standhaftigkeit unwirksam? Also modern gesprochen (und das alte Rom hatte mehr mit unserer Gegenwart gemeinsam, als man oft so annimmt): Muß man auch als guter Katholik nicht eher zur aufrechten Lichtgestalt Margot Käßmann zum Abendmahl gehen als zu obskuren Schattenmännern wie Mixa oder Meisner?

Papst Stephan I. lehnte besagten Synodenbeschluß energisch ab und verbot den römischen Christen sogar, die nordafrikanische Delegation, die die Beschlüsse überbrachte, gastfreundlich zu empfangen. Dies wiederum führte zu scharfen Gegenreaktionen des Bischofs von Karthago, Cyprian. Dieser hatte sich der decischen Verfolgung selbst durch Flucht entzogen, war dafür hart kritisiert worden und mußte daher alles versuchen, gegenüber seiner Gemeinde nicht nochmals das Gesicht zu verlieren. – Aber ist nicht auch Frau Käßmann erst durch ihre öffentliche Reue zur Autorität geworden? – Cyprian argumentierte vor allem mit der Einheit der Kirche: Es gibt nur eine Kirche, nur einen Glauben, nur einen Heiligen Geist – und daher nur eine

Taufe, die nur innerhalb der mit dem rechtmäßigen und vor allem standhaften Bischof verbundenen Gemeinde gültig gespendet wird. Im Jahre 258 erlitten schließlich sowohl der nachfolgende Papst Sixtus II. als auch Cyprian in derselben Christenverfolgung unter Kaiser Valerian das Martyrium. Der Bruch zwischen der nordafrikanischen und der römischen Kirche war durch das gemeinsame Leiden vorerst geheilt.

Nun, nach der diokletianischen Verfolgung lebte der Streit wieder auf, und wieder standen sich Nordafrika (mit Donatus) und das päpstliche Rom gegenüber.

Zwar war aus Sicht der meisten Bischöfe der Streit durch die Synode von Arles im Jahre 314 beigelegt worden, die die Gültigkeit der umstrittenen Sakramente anerkannt hatte, aber den rechten Trinitätsglauben der Häretiker als Voraussetzung forderte. Dennoch zog sich der Streit zwischen den Donatisten und der Gesamtkirche noch jahrzehntelang hin. Erstere gingen in ihrer Argumentation schließlich so weit, daß sie behaupteten, selbst ein Bischof, bei dessen Weihe ein *traditor* anwesend gewesen sei, sei kein rechtmäßiger Kleriker. Obwohl selbst der Kaiser – mittlerweile war das Konstantin der Große – in die Auseinandersetzungen eingriff, kam es diesmal zum Bruch, und noch 100 Jahre später verfaßte Augustinus Schrift um Schrift gegen die Donatisten.

Die Übertragung auf unsere heutige Situation liegt auf der Hand: Auch wenn das alles Heuchler und Verbrecher sind, was soll's. Auch wenn ein Priester – und jetzt gebrauche ich bewußt das altertümliche Wort – unwürdig ist, die Sakramente bleiben gültig.

Mir selbst wurde bezüglich eines Priesters, den ich nicht leiden konnte, die Frage gestellt: „Würdest du bei dem zur Beichte gehen?" Es ging wohlgemerkt dabei nicht um Sympathie oder Antipathie, nach dem Motto: Da gibt es vier

Priester in der Stadt, bei wem gehst du zur Messe, sondern der Frager setzte voraus, daß der Priester durch unser Mißverhältnis das Recht auf die Sakramentenspendung bei mir verwirkt hatte. So habe ich die Frage dann damals auch sicherheitshalber gar nicht erst verstanden.

E. g. schreibt der Engländer und kürzt damit in sehr, sehr altenglischer Sprache *exempli gratia* ab, und das an all den Stellen, wo der Deutsche „z. B." als Abkürzung für „zum Beispiel" verwendet. Seit meinem Schulunterricht erfüllt mich der Neid über diese herrliche angelsächsische Arroganz, lateinische Abkürzungen zu benutzen. Wörtlich wird dieses meist mit „durch die Gnade des Beispiels" übersetzt. Die Schönheit und der Reiz dieser Abkürzung sollten aber besser mit „durch die Anmut des Beispiels" wiedergegeben werden. Ich folge der Inselkultur und versuche auch, durch den Anmut eines weiteren Beispiels zu erfreuen.

Meine Eltern waren empört! Sie waren in einem Seminar über gesunde Ernährung und Lebensführung gewesen. Es gab Ernährungsberatung, es wurde besprochen, welche Nahrungsmittel und Getränke in welcher Zusammensetzung und in welcher Zubereitung wann und wo dem Wohlbefinden des Menschen im allgemeinen und des jeweiligen Kursteilnehmers im besonderen nutzten. Meine Eltern aber waren empört. Nicht etwa über das, was der Referent sagte; das war alles ganz in Ordnung. Nein, nein, der Referent wog mindestens zweieinhalb Zentner. Ich versuchte, darauf hinzuweisen, daß die Aussagen ja vielleicht trotzdem richtig sein könnten, fand aber keine Zustimmung, wer so dick sei, habe das Recht verwirkt, über gesunde Ernährung zu reden. Keine Dogmengeschichte, kein theologisches Handbuch kann die Fragen um den Donatismus besser verdeutlichen.

Darf ich noch ein allerletztes ergänzendes Beispiel bringen? Ich verspreche hoch und heilig: Es ist das letzte. Noch vor 40 Jahren (und das heißt natürlich, daß ich mich hier auf Erzählungen verlassen muß) gab es bei den Beamten der Stadtverwaltung den sogenannten einfachen Dienst. Am Rande bemerkt, welch komisches System ist es heute, das zwar einen höheren und einen mittleren Dienst und sogar dazwischen noch einen gehobenen kennt, aber keinen einfachen mehr – Randbemerkung Ende. Also es gab den einfachen Dienst, und das typische Beispiel war der Briefträger. Was tat nun so ein Briefträger? Natürlich brachte er die Post herum! Aber er stand doch nicht an, sich für diesen seinen schweren Dienst, gelegentlich – und vielleicht auch ungelegentlich – mit dem einen oder anderen Schnaps zu stärken. Spätestens wenn die Glocke die Mittagsstunde schlug und die Sonne auf dem höchsten Punkte ihres Tageslaufes stand, verschwand er in einer der Kneipen, die eine mittlere Stadt damals noch in erklecklicher Anzahl zu bieten hatte. Meine Informanten haben nie davon gehört, daß aus diesem Grunde je ein Empfänger seine Post verweigert hat. Kein Brief wurde je wegen ungebührlichen Verhaltens zurückgewiesen.

Der gebildete Leser und Theaterkartenabonnent weiß es, und so ist denn auch zum geflügelten Wort geworden, daß der Überbringer der schlechten Botschaft hingerichtet wird. Keiner jedoch hält diese Vorgehensweise für gut oder auch nur zweckmäßig. Und so muß ich nicht erst das Jesuswort über die Pharisäer aus dem dreiundzwanzigsten Kapitel des Matthäusevangeliums zitieren:

„Alles was sie euch sagen, das tut, aber nach ihren Werken richtet euch nicht!", um festzuhalten: Es ist mir egal, wie ein Priester drauf ist, ob er persönlich ein Stinkstiefel oder moralisch ein Versager ist, solange er mir die Sakramente spendet, ist für mich alles in Ordnung.

Dieser hier angesprochene Fragekomplex macht unsere heutige Situation natürlich schwierig. Wie kann eine Gesellschaft, die sich einig ist, daß alle Priester, wenn schon nicht Kinderschänder, so doch Heuchler sind, sich derer Dienste bedienen? Was macht sie mit dem entstehenden Vakuum? Nun, ganz einfach: Sie findet beziehungsweise erfindet Ersatz. Ich denke dabei gar nicht an gesellschaftlich akzeptierte Wohlfühlpriester wie Anselm Grün. Auch nicht an marktvermittelte Gurus, Helfer und Heiler, die aus alten geheiligten Denksystemen Ostasiens eine Instant-Religions-und Philosophiebrühe brauen, deren dünne Konsistenz sie dann für dickes Geld verkaufen. Sondern ich denke an die Ersatzpriester der Gegenwart. Drei Priesterkasten der Gegenwart sollen hier kurz genannt werden.

„Die Wissenschaft"

Natürlich ist wissenschaftliche Forschung unaufgebbar. Aber es fällt Komisches auf: Einerseits wird Wissenschaft in der veröffentlichten Meinung praktisch immer mit Naturwissenschaft gleichgesetzt, was ja im englischen Sprachraum schon über hundert Jahre üblich ist, aber nicht im Deutschen. Dennoch: Keiner denkt bei Erwähnung des Wortes Wissenschaft an die Erforschung des Mittelfranzösischen oder an die Altvorderasiatische Archäologie. Eine Einschränkung, die wehtut! Dennoch ist Wissenschaft natürlich auch in diesen Verengungen notwendig, jetzt passiert aber Seltsames. Der Naturwissenschaftler, der aufgrund seiner Profession eigentlich nur beschreiben und bündeln kann, fängt in der Öffentlichkeit an zu deuten und zu werten. Wenn ein Naturwissenschaftler aber nun nach oder statt einer Beschreibung die Deutung liefert, dann übt er Tätigkeiten aus, die je nach Weltsicht dem Philosophen, dem Schamanen oder dem Priester zustehen. Der Physiker, der Chemiker, der Biologe kann zählen, kann messen und kann wiegen; der Sinn des Lebens jedoch und die Urgründe des Seins sind nicht sein Metier!

Experten

Ein Experte ist eine Person, die auf einem Gebiet Sachkompetenz hat. Nun stehen wir aber heute gerne vor dem Phänomen des Dauerexperten. Dieser kann dann im Gegensatz zum Wissenschaftler zu jedem Thema befragt, in jeder Zeitung interviewt, in jede Fernsehsendung eingeladen werden. Eine Kaste, die dieses Phänomen besonders erfüllt, sind manche Politiker. Es ist doch eigentlich undenkbar, daß ein Minister von einem Tag auf den anderen vom Landwirtschaftsministerium zum Außenressort wechselt. So was gibt es aber tagtäglich, ja, es fällt uns schon gar nicht mehr auf. In all diesen Bereichen verkünden die Experten dann alsbald Heil und Sinn. Die Gruppe dann, die dieses Phänomen besonders stützt, sind viele Fernsehjournalisten. Und so befragen sie denn, und die Befragten liefern, was von ihnen verlangt wird, und sei es Sinn. Ich mag das Wort Fakten nicht, doch wie oft wünsche ich mir diese von Experten. Aber wenn ich mediale Diskussionen betrachte, so stelle ich fest, daß sie fast schon religiös argumentieren. Da werden nicht Argumente gegen Kernkraftwerke vorgetragen, sondern in der Art alttestamentlicher

Propheten Gericht angedroht. Da wird nicht ökonomisch argumentiert, sondern der „Freie Markt" wird als ewige Wahrheit verheißen, als Heil verkündet.

Stars

Ja, die gibt es auch noch. Und so werden Schauspieler zur Außenpolitik, Musiker zum Straßenbau und Fußballprofis zu kirchenpolitischen Themen befragt. Verstehen Sie mich nicht falsch: Jeder kann und soll zu einem Thema eine Meinung haben. Aber die veröffentlichte und besonders die gesendete Meinung unterscheidet leider das Statement eines Popstars zum Beispiel zur Entstehung des Ersten Weltkrieges nicht von dem eines Geschichtswissenschaftlers, das eines Fußballtorwartes nicht von dem eines Politologen.

Sagen Sie: unwürdig! Aus mangelnder Qualifikation unreif. Seien Sie dagegen und akzeptieren Sie nur würdige Ratgeber – seien Sie mit Freuden Donatist!

Genetik und Gnesiolutheraner

Eines gleich vorweg: Natürlich kann man Martin Luther vieles vorwerfen, aber an eine Bestimmung des Lebens durch die Gene hat er nun wirklich nicht geglaubt, und eine Gentechnik gar wäre ihm moralisch zutiefst zuwider gewesen. Aber in einem Bereich des gesellschaftlichen Smalltalks mag er doch als Kronzeuge dienen.

Erinnern Sie sich noch an die späten Siebzigerjahre? Damals gab es ein gesellschaftliches Dogma. Ging es um Fragen von Verbrechen oder von gesellschaftlichem Fehlverhalten, ging es um soziale Schichtungen oder randalierende Jugendliche, nie war der je Einzelne schuld. Alles, was das Individuum ausmachte – Bildung, Macht, politische oder religiöse Ansichten –, stammte aus seinem Umfeld. Ein Verbrecher beging seine Taten, weil ihn sein Stadtviertel geprägt hatte. Jemand war Zeuge Jehovas, weil seine Familie ihn beeinflußt hatte. Ein anderer errang akademische Grade, weil seine Schicht ihn unterstützte. Zwar konnte sich daher letztendlich keiner etwas auf seine Erfolge einbilden – keine Sorge, es wurde trotzdem getan –, aber niemand war andererseits schuld an seinen Fehlleistungen. Was die Herren Marx oder Marcuse zu einem solchen Sozialismus für spätpubertierende Spießbürger gesagt hätten, wollen wir hier nicht untersuchen. Kurz: Alles war die direkte Folge der gesellschaftlichen Verhältnisse.

Tauchen dieselben Themen heute in einem politischen Magazin einer öffentlich-rechtlichen Rundfunkanstalt auf oder werden sie im Feuilleton der *Süddeutschen Zeitung* behandelt, dann bemerken wir, daß die reine Lehre nunmehr anders lautet: Letztendlich – so wird verkündet – bestimmen uns die Gene. Zwar hat auch zehn Jahre nach Entschlüsselung des menschlichen Genoms noch keiner die DNS-Stelle gefunden, an der man bei Krebs eingreifen könnte, ja nicht einmal gegen Bluthochdruck und Bulimie gibt es Mittel gentechnischer Herkunft, aber der Massenmörder vollbringt seine Untaten sicher genetisch gesteuert, und wenn jemand orthodoxer Priester wird, dann hat hier wohl das Glaubensgen zugeschlagen. Wird diese Theorie im Gespräch in Frage gestellt, so tritt das große Mantra der Zwillingsforschung in Erscheinung. Ach, das sagt Ihnen nichts? Nun, es werden dann die Ergebnisse mehr oder weniger seriöser Forschungsreihen präsentiert, die belegen sollen, daß sich bei der Geburt getrennte Zwillinge, obwohl sie in unterschiedlichen Verhältnissen aufwachsen, gleich entwickeln. Also, es tritt das große Mantra der Zwillingsforschung in Erscheinung, und spätestens dann ist ein Widerspruch Ketzerei.

Die Überleitung „Wo Sie gerade sagen: Ketzerei, da geht's doch in diesem Buch drum" wäre jetzt wohl etwas zu plump. Dennoch sieht man Diskussionen zum Thema vor sich und denkt: gähn!

Sie jedoch haben jetzt die Trumpfkarte im Ärmel, sagen Sie doch einfach mal statt: „Die Zwillingsforschung hat eindeutig erwiesen, daß …" den wunderbaren Satz: „Als

Gnesiolutheraner kann ich dazu nur bemerken ..." An dieser Stelle des Buches muß ich Sie dann jedoch vor einer großen Enttäuschung bewahren: Sie denken jetzt vielleicht, daß Sie anerkennende Gesten oder Bemerkungen ernten werden, daß gar vergeblich zu unterdrücken versuchte Sätze wie: „Wo hat der das bloß immer alles her?" fallen. Nichts dergleichen wird passieren! Niemand wird nachfragen und niemand wird das Besondere der Situation erwähnen oder etwa gar Sie loben. Doch seien Sie getrost: Natürlich werden alle Zuhörer wissend mit dem Kopf nicken, aber genauso natürlich werden zu Hause alle das Wort in der Wikipedia nachschlagen, und dies ist dann die Stunde ihres – wenn auch fernen – Triumphes!

Worum geht es also? Die großen Denker des Abendlandes und des Morgenlandes haben sich natürlich nicht mit so banalen Dingen wie gesellschaftlichen Verhältnissen und Genetik auseinandergesetzt, jedoch unseren Themenkomplex trotzdem auf der Tagesordnung gehabt, aber natürlich auf ganz anderem Niveau. Schlechte Denker erkennt man daran, daß sie komplizierte Fragen stellen, auf die sie dann gerne einfache Antworten geben. Große Denker stellen einfache Fragen, auf die sie dann leider oft komplizierte Antworten geben müssen. Ketzer jedoch ringen sich zu einfachen Fragen mit einfachen Antworten durch. Womit wir bei Martin Luther wären.

Eine der großen Fragen der Philosophie, ja, vielleicht die große Frage der Philosophie ist die nach der Freiheit. Von Aristoteles bis Kant, von Thomas von Aquin bis Karl Marx ist das die zentrale Frage philosophischen Denkens. Wie läßt sich Freiheit in einer kausalen Welt denken? Gut, jetzt werden Sie antworten: „Großer Meister, war es nicht gerade noch so, daß Sie von *einfachen* Fragen redeten?" Also denn, noch einmal: Wir schauen aus dem Fenster, blicken auf die Straße und stellen fest: Nichts passiert aus sich heraus. Das Fahrrad bewegt sich, weil der Fahrer strampelt. Der Fahrer strampelt, weil eine gewisse Grundversorgung an Nahrung und Atemluft vorhanden ist, der Fußball fliegt, weil er getreten wurde. Spätestens dann jedoch, wenn ich das Fenster verlasse und vor die Haustür trete, entscheide ich mich, ob ich über die vier Fahrspuren gehe oder vielleicht doch nach rechts oder links versuche, eine Ampel oder Querungshilfe zu erreichen. Auch da kann man im nächsten Schritt noch einwenden: „Aber bei dir im Kopf passiert doch jetzt gerade etwas Biologisches oder Elektromechanisches mit den Hirnzellen" – und da ist sie dann doch wieder die Frage: Wie und wo ist Freiheit denkbar?

Für Martin Luther nun ist die Frage nach der Freiheit nicht nur das philosophische Grundthema, sondern hier wird auch der Kern seines Glaubensbekenntnisses berührt. Sola gratia – allein aus göttlicher Gnade gelangt ja der Mensch laut Luther zum Heil. „Mein' guten Werk, die galten nicht", so dichtet er. Aber kaum hat man die verdienstvollen Werke, den Ablaß, die Spenden auf der einen Seite aus dem Haus gejagt, so kommt auf der anderen Seite Frau Philosophie herein und fragt: „Höre einmal, o Martine, wenn ich allein aus Glauben gerecht werde und ich mich für den Glauben entscheide, ist der Glaube dann nicht ein Werk, ein Werk, das mich zum Heil bringt?"

Es hebt Martin Luther weit über fast alle seine Nachfolger und tausendmal weiter über uns heutige Epigonen empor, daß er nicht sagt: „Halt die Klappe, blöde Philosophie", sondern sich dieser Frage nach dem Glauben und den Werken, aber vor allem nach dem freien Willen stellt und sie bis zum (als Katholik würde ich sagen: bitteren) Ende treibt.

„So siehst du: dieses Problem ist das eine Stück der ganzen Summe der christlichen Inhalte, an den die Erkenntnis des eigenen Selbst, die Erkenntnis und die Ehre Gottes hängt, und auf dem Spiel steht", so schreibt er an Erasmus von Rotterdam, und „dann lobe und rühme ich auch dieses an dir (Erasmus) sehr, daß allein du unter allen diese Sache angefaßt hast – dies ist (nämlich) der Hauptpunkt des Streites – und daß du mich nicht mit jenen anderen Fällen ermüdet hast, wie Papsttum, Fegefeuer, Ablässe und anderem dummen Zeug mehr, wie die Fälle, mit denen mich bis jetzt fast alle vergeblich gejagt haben."

Noch mal für uns heutige Menschen: All das, was wir im ökumenischen Dialog für wichtig halten, nennt Martin Luther uninteressant: Papst, Priestertum, Heiligenverehrung, Ämter für Frauen? All dies sind *nugae* – dummes Zeug.

Schon der frühe Luther steht in dieser Linie. Die Lutherforschung rätselt über das Wo und Wie des reformatorischen Grunderlebnisses. Sie hat den Thesenanschlag als historisches Faktum widerlegt; nicht übersehen hat sie aber die Heidelberger Disputation von 1518, ein Meilenstein auf Luthers reformatorischem Weg. *„Liberum arbitrium post peccatum res est de solo titulo – immo titulus sine re – et dum facit quod in se est, peccat mortaliter."*

„Der freie Wille nach dem Sündenfall ist ein bloßer Name, ja ein Name ohne Inhalt, und so lange er tut, was in ihm ist, sündigt er tödlich", so verkündet Luther, und in der Beweisführung zu dieser seiner These: „der Wille ist ein Gefangener und ein Sklave der Sünde. Nicht daß er nichts ist, sondern daß er nur frei ist zum Bösen".

Als dann Erasmus von Rotterdam 1524 die Lehre vom freien Willen in einer Abhandlung retten will, fährt Luther ihn in seiner Schrift *De servo arbitrio* – einer Schrift, von der er selbst sagt, daß ihm neben dem großen Katechismus kein anderes Werk so gut gelungen sei – an: eigentlich wolle er auf ein so ungebildetes Buch eines so gebildeten Mannes nicht antworten, und er sagt dem als Epikuräer und Feind Christi beschimpften Erasmus: Der Heilige Geist ist kein Skeptiker, nicht Zweifel und subjektive Ansichten hat er in unser Herz geschrieben, sondern verbindliche Aussagen. Die ganze Argumentation Luthers gipfelt im Bild vom Esel. „Der menschliche Wille ist wie ein Lasttier, den Anweisungen seines Reiters unterworfen. Wenn Satan ihn reitet, *will* der Mensch, was Satan will, wenn Gott drauf sitzt, *will* er und geht er, wohin Gott will."

Oder um noch mal Luthers kurze Antwort auf die kurze Frage kurz zusammenzufassen: in Dingen des Heils, bei den Grundentscheidungen des Menschseins, gibt es keine Freiheit.

Wenn Sie nun – und Sie wollen sich ja schließlich als Gnesiolutheraner profilieren – dieses nun erworbene Wissen in das gepflegte Gespräch am Kamin einfließen lassen, sollten Sie natürlich darauf vorbereitet sein, daß Sie jemand fragt: du redest jetzt die ganze Zeit von Luther. Wer ist eigentlich dieser Gnesius?

Schon zu Luthers Zeiten und erst recht unmittelbar nach seinem Tod erkannten seine Anhänger, wie schön plakativ einerseits seine *Sola*-Aussagen sind: *sola gratia,* allein aus Gnade, *sola fide,* allein aus Glauben, *sola scriptura,* allein die Schrift – und so steht auch heute über dem Eingang der altlutherischen Hochschule in Oberursel bei Frankfurt: *verbo solo fide sola* – allein durchs Wort, allein aus Glauben. Andererseits stellte sich aber natürlich auch das eine oder andere philosophische oder (noch wichtiger) praktische Problem heraus. Wie immer nach dem Tode eines großen Mannes fuhrwerkten seine Nachfolger an seinem Vermächtnis herum. Und so war es auch bei Martin Luther. Philipp Schwarzerdt, genannt Melanchthon, versuchte, Härten am System zu mildern, und das unter dem ehrenwerten Aspekt, eine weitere Glaubensspaltung in Deutschland zu verhindern. Vielleicht auch unter dem irenistischen (böse Zungen könnten sagen, leicht feigen) Aspekt, den Kaiser nicht zu provozieren; Karl V. war guter Katholik. Der größte Kämpfer für den echten Martin Luther mit all seinen Ecken und Kanten war auf der anderen Seite der in Jena lebende Dalmatiner Mate Vlašić, der nicht nur seinen Namen in das schöne Flacius Illyricus verdolmetschte, sondern auch für diese seine Bewegung, die das wahre Luthertum hochhielt, die Bezeichnung „Lutheraner vom Ursprung an" oder eben in der klassischen Gebildetensprache seiner Zeit Gnesiolutheraner prägte.

Die weiteren Streitigkeiten um das Erbe Luthers brauchen uns hier nicht zu interessieren; ihre Nutzanwendung für uns heutige Angeber ist klar: Das Entscheidende liegt nicht in unserer Verantwortung oder in den gesellschaftlichen Umständen, es liegt „extra nos", da, wo wir es nicht beeinflussen können – in den Genen. Möge dieses Wort allen heutigen Nutzern hilfreich sein und ihnen allerseits bewundernde Aufmerksamkeit eintragen.

Ein kleiner Nachtrag zum vorhergehenden Kapitel. Gern wird mir vorgeworfen, und manche meiner Formulierungen scheinen dies ja in der Tat nahezulegen, ich sei antiprotestantisch. Das stimmt so nicht, weder im Herzen noch auf dem Papier. Aber antiökumenisch? Nun, das vielleicht schon eher. Oft wird unsere Ökumene in Deutschland von Katholiken gemacht, die wissen, daß der Katechismus ein Buch ist, und von Protestanten, die wissen, daß die Reformation irgendwann mal stattgefunden hat. Brauchen Sie das? Ich nicht! Aber ich freue mich auf jede Streiterei mit guten evangelischen Freunden. Und dann denke ich zurück an die seligen Studientage, besonders an einen lieben Freund, heute Pfarrer der SELK, der „Selbständigen Evangelisch-Lutherischen Kirche" in Deutschland. Wie lange Nächte haben wir uns über die menschliche Freiheit, die göttliche Gnade und den Ursprung der Sünde gestritten. So weit ging dies, daß die Gnadenlehre dann später zur Verblüffung meines Dogmatikprofessors Examensthema bei mir wurde. Um es allerdings klar zu sagen: Wir sind in diesem dialogischen Prozeß zu keiner gemeinsamen Position gelangt. Ach ja, und natürlich irrte mein Freund! Obzwar ich ebenfalls natürlich zugeben muß, daß er ähnliches möglicherweise auch von mir dachte. Aber wenn Ökumene der Prozeß ist, aufeinander zu hören und zuerst einmal gegenseitig die Überzeugung des anderen zu begreifen, dann waren das damals wahrhaft ökumenische Nächte, auch wenn sie ohne Positions- oder gar Konsenspapier endeten.

Als Don Chichi im kleinen Dorf am großen Fluß Po den alten Pfarrer Don Camillo vertrieben hatte und die Maoistenfraktion von der anderen Seite des großen Flusses in Bürgermeister Peppones kommunistischer Partei die Herrschaft übernahm, stellten beide – Don Camillo und Peppone – fest, daß es nichts so tröstliches gibt, wie einen echten, ehrlichen, guten Gegner.
„Und was machen wir, wenn sie uns beide vertrieben haben und wir unter einer Brücke am Fluß liegen?"
„Dann streiten wir halt unter der Brücke weiter!"

Wir sind Gallikanismus

Eigentlich ist Gallikanismus ja normal!

Seit Pippin dem Kurzen haben die Herrscher des Frankenreiches versucht, eine enge Beziehung zur Kirche aufzubauen. Das Schwert dieser Idee ist aber für alle Beteiligten ein zweischneidiges. Der Herrscher gewährt der Kirche Schutz und wohl auch die eine oder andere Spende in Form von Geld (im Mittelalter selten) oder Ländereien (deutlich häufiger), aber er gewinnt dadurch auch Einfluß auf das Handeln der Kirche. Die Kirche liefert im Gegenzug Legitimation (hauptsächlich in spiritueller Münze), erreicht aber dadurch andererseits moralische Deutungshoheit – auch über die Taten des Herrschers. Diese Beziehung besteht eigentlich immer, solange es ein weltweit ausgerichtetes Christentum auf der einen und einen Staat (oder sollten wir es besser ein Reich nennen) auf der anderen Seite gibt. Wer erinnert sich nicht mit Entsetzen an den Geschichtsunterricht der Mittelstufe, wenn der Investiturstreit lang und breit verhandelt wurde! Ach was war das schrecklich: Wer belehnt welchen Bischof? Wer überreicht wem den Ring? Wer muß bestätigen und wer darf das gerade nicht? Traumatische Erfahrungen ganzer Schülergenerationen stehen mir vor Augen. Und wenn man keine Extrempositionen einnimmt – genannt seien hier der russisch-byzantinische Cäsaropapismus, der Staat und Kirche praktisch in eins setzt, oder am ganz anderen Rand des Spektrums Albanien als erster gottloser Staat der Welt unter Enver Hoxha[*] –, findet man immer weiteres zu verhandeln. Nur wer annimmt, Staat und Kirche seien eins unter einem Herrscher, oder wer jegliche religiöse Organisation, ja, jegliche Religionsausübung verbietet, hat keine Probleme, den jeweiligen Bereich von Staat und Kirche einzugrenzen.

Lassen Sie uns die Geschichte dieser Fragestellung einmal für (das) Frank(en)reich durchgehen.

Wir befinden uns in der Mitte des achten Jahrhunderts. Die Kirche im Frankenreich ist weitgehend autonom. Sie trifft ihre eigenen Entscheidungen auf Synoden, die vom König einberufen wurden. Aber wer ist der König? Schon seit Jahrzehnten haben die Karolinger als Hausmeier, also als Verwaltungschefs den merowingischen Herrschern das Königtum de facto abgenommen. Nun tritt Pippin der Jüngere auf den Plan. Ja, das ist der, den wir alle noch als Pippin den Kleinen kennen. In einem wunderbaren Akt historischer Political Correctness haben wir Deutsche den Namen geändert. Mögen die Engländer weiterhin *Pepin the Short* und die Franzosen *Pépin le Bref* sagen, wir sind da als Gutmenschen weiter. Nachdem dieser seine Brüder Grifo und Karlmann als Konkurrenten um Thron und Land ausgeschaltet hatte – denken Sie dabei nicht zu böse, Karlmann landete im Kloster, vielleicht sogar freiwillig –, brauchte er jetzt eine Legitimation zur Königswürde entweder durch Wahl oder durch Abstammung oder durch göttliche Erwählung. Ersteres war zu bewerkstelligen, und

---

[*] Lustige Fußnote der Weltgeschichte: Beide Staatsgebilde hatten denselben Doppeladler in Wappen und Fahne.

so ließ er sich 751 auf dem Reichstag von Soissons wählen. Zweitere war nicht da, und darum wurde der letzte merowingische Herrscher Childerich abgesetzt. Auch dieser landete im Kloster, allerdings wohl eher nicht freiwillig. Der Chronist Einhard schreibt in seiner Biographie Karls des Großen wörtlich über Childerich, dieser sei *depositus ac detonsus atque in monsterium trusus* – abgesetzt, kahlgeschoren und ins Kloster geschickt worden; dies aber sei jenem Childerich passiert, welcher vorher *crine profuso, barba summissa* – mit wallendem Haupthaar und ungeschorenem Barte auf dem Throne zu sitzen pflegte. Es müssen damals große Zeiten für Friseure und Tonsurschneider gewesen sein. Bleibt noch als letztes die göttliche Erwählung; und da wollte Pippin ganz oben ansetzen, beim Papst.

Dem Papst ging es zu diesem Zeitpunkt nicht gut in Italien. Er wurde von den Langobarden bedroht, und sein bisheriger Schutzherr, der byzantinische Kaiser, war schwach. Dieser war gerade nicht nur in gut byzantinischer Tradition mit Meucheln und Morden beschäftigt, sondern es tobte auch der Bilderstreit. Doch davon werden wir im folgenden Kapitel hören. Also rief der Papst Pippin, oder vielmehr: dieser ließ sich vom Papst rufen. Und so zog Pippin 755 nach Italien, besiegte die Langobarden und schenkte einen Teil des langobardischen Gebietes dem Papst. Damit waren enge Beziehungen zwischen Papst und Frankenreich geknüpft, die auch die Nachfolger Pippins pflegten. Als Pippins Sohn, Karl der Große, sich dann schließlich am Weihnachtstag 800 vom Papst im Petersdom zu Rom zum Kaiser krönen ließ, waren diese Beziehungen endgültig gefestigt. Machen wir uns dabei immer klar, daß es ja zum Zeitpunkt dieser Krönung einen bis dato einzig legitimen Kaiser gab, nämlich den in Byzanz. Ein anderer als dieser „römische" (!) Kaiser war für die Menschen jener Zeit eigentlich undenkbar. Aber das Papsttum hatte sich nun ans Frankenreich gebunden und übte dort die Jurisdiktion aus, gestand der fränkischen Kirche allerdings Rechte und Freiheiten etwa bei Stellenbesetzungen auch gegenüber dem Papst zu. Gerade Karl der Große war, wenn man zeitgenössischen Quellen trauen darf, jemand, der, wenn es ihm in den kirchlichen Kram paßte, auch den Papst schon einmal Papst sein ließ, obwohl er doch als guter Vater seine Kinder *ad omnem honestatem erudiri iussit* – zu jeglicher tugendhaften Bestrebung anhielt. Auch als die Karolinger 911 im ostfränkischen Reich – dem späteren Deutschland – in der männlichen Linie ausstarben und 987 im Westfrankenreich – aus dem sich das spätere Frankreich entwickelte – durch die Kapetinger verdrängt wurden, und in diesen beiden Reichen also eine Wahlmonarchie auf der einen Seite und eine dynastische Monarchie von Nichtkarolingern auf der anderen Seite der nunmehrigen Grenze entstand, blieb der Gedanke der Achse Rom – Frankenreich erhalten, und so wie sich beide Völker heute noch auf Karl den Großen beziehen, so steht dem „Heiligen *römischen* Reich deutscher Nation", die *fille aînée,* die „erstgeborene Tochter der römischen Kirche" gegenüber.

Machen wir einen kleinen Schritt von 500 Jahren. Philipp der Schöne hatte im Konflikt mit Bonifaz VIII. – oder die beiden hatten mit jeweils wechselseitiger stiller Duldung – nicht nur den Templerorden vernichtet und Südfrankreich faktisch zu Frankreich geschlagen, nein, im Rahmen der immer größeren Einflußnahme des französischen Königtums auf die Kirche war es schließlich 1309 zur Verlegung des päpstlichen Hofes nach Avignon gekommen. Die anschließende „siebzigjährige babylonische Gefangenschaft der Kirche" ging unmittelbar in das „große westliche

Schisma" über. Es gab nicht einen Papst, sondern zwei Päpste, ja, später sogar drei. Und daß das Konzil von Konstanz (1414–1418) dieses Problem löste, zeigte dem kundigen Betrachter ja nur, daß ein Konzil über dem Papst stand. Wenn ein Konzil zwei widerstreitende Päpste absetzen und einen dritten einsetzen konnte, dann war der Papst einem Konzil nachgeordnet, mithin war der Papst selbst in geistlichen Dingen wie dem Kirchenregiment nicht die höchste Instanz. Wie sah es dann aber gar in weltlichen Angelegenheiten aus? Die Pariser Universität, die Sorbonne war in diesem Zeitraum nicht untätig gewesen und hatte staatspolitische Konzepte entwickelt, und so wurde 1483 durch die „pragmatische Sanktion von Bourges" der Gallikanismus für Frankreich festgeschrieben. Es handelte sich dabei um eine Vereinbarung zwischen König und Klerus (vom Papst sprach dabei keiner!), der die Rechte des Königs bezüglich Gerichtsbarkeit, Besetzung von Bischofsstellen, Pfründen und so fort festschrieb.

Wieso wurde dies am päpstlichen Hof so einfach hingenommen? Jetzt darf man es sich nicht so vorstellen, daß das wieder in Rom sitzende und in der Renaissance zu neuer Macht erstarkende Papsttum sich nur mit Frankreich zu beschäftigen hatte. Vom Süden drohte der Islam, im Norden gingen ganze Länder an seltsam hinterwäldlerische Irrlehren verloren, und jenseits des Ozeans wurden ganze neue Welten entdeckt. Der Papst und sein Hof waren also beschäftigt, und immerhin war Frankreich ja letztendlich gut katholisch. Eine Sache konnte der Papst dann allerdings einhundertfünfzig Jahre später nicht mehr übersehen: Wir alle haben es in der Schule gelernt, daß Ludwig XIV. als absolutistischer Herrscher von Frankreich die Maxime hatte *„un roi, une loi, une foi"* (ein König, ein Gesetz, ein Glaube). Die Macht war außenpolitisch gesichert, einheitliche Gesetze galten in ganz Frankreich, Glaubensfeinde wie die protestantischen Hugenotten waren vertrieben, und jetzt mußten der Glaube und die Kirche sich nur noch ein wenig an den Gedanken des Königs orientieren. 1682 wurde ein Nationalkonzil von Frankreich nach Paris einberufen, und hier wurden sie verkündet, die vier gallikanischen Freiheiten. In Kürze besagten sie etwa folgendes. Erstens: in geistlichen Dingen ist dem Papst und der Kirche von Gott Gewalt verliehen, nicht aber in weltlichen. In zeitlichen Dingen sind Könige und Fürsten daher also auch nicht von der kirchlichen Gewalt abhängig. Dazu kommt zweitens, daß die Gewalt des Papstes auch in geistlichen Dingen noch durch die allgemeinen ökumenischen Konzilien beschränkt ist. Drittens bleiben natürlich weiterhin alle Gesetze und Gewohnheitsrechte des französischen Königs, der französischen Bischöfe, ja, der ganzen französischen Kirche in Kraft. Viertens: Selbst die Entscheidungen des Papstes in Glaubensfragen bedürfen immer der Zustimmung der Gesamtkirche.

Welche Möglichkeiten hatte der Papst schon, etwas gegen diese Artikel zu unternehmen, die der zu dieser Zeit wohl mächtigste Herrscher Europas verkündigen ließ? Und so blieben sie bis zur Französischen Revolution in Kraft.

Seltsamerweise hat nun gerade diese Revolution mit ihrer eigentlich doch auch stark antikirchlichen Zielrichtung, sowohl durch die Errichtung der *constitution civile du clergé*, also einer Art Priesterparlament für Frankreich, als auch mit wilden Verfolgungszeiten für Priester und Gläubige das Land vom absoluten Gallikanismus, vom bestimmenden Einfluß des herrschenden Adels befreit. Denn natürlich: Ein toter Monarch greift eben nicht mehr in Kirchenbelange ein.

Aus Resten der erwähnten „konstitutionellen Kirche" einerseits und aus Anhängern des Ancien Régimes andererseits bildeten sich dann im neunzehnten Jahrhundert in Frankreich verschiedene Klein- und Kleinstkirchen, die auch einen gewissen Einfluß ins Ausland hatten. Das erste Vatikanische Konzil mit seiner Definition der päpstlichen Unfehlbarkeit gab diesen Bewegungen dann als Gegenposition einen gewissen Schub, und so findet die Entwicklung dieser Kleinkirchen ihren Abschluß im Altkatholizismus der Utrechter Union.

Also eigentlich ist Gallikanismus normal. Und darum finden sich vergleichbare Phänomene auch unter anderem Namen in anderen Ländern. So stehen Josephinismus in Österreich, Wessenbergianismus in Deutschland und viele andere mehr für dieselben Ziele. Ihr Lexikon berät Sie gerne weiter.

Es gibt eigentlich nur ein Problem, aber ein schwerwiegendes, nämlich Jesus, oder vielmehr, was der dazu sagen würde. Nun weiß ich nicht so viel über Jesus und was der dazu sagen würde, wie der Papst oder gar wie Heiner Geißler. Dennoch erscheint es mir unangemessen, ein Jesuswort wie: Gebt dem Kaiser, was des Kaisers ist, und gebt Gott, was Gottes ist, so zu deuten, daß der absolute Herrscher über der Kirche steht, oder vielleicht modern gesprochen, daß gesellschaftliche und politische Gruppen Einfluß auf die Kirche ausüben sollten. Doch genauso eine Auferstehung dieser gallikanischen Ideen erleben wir gerade hier und heute.

Also freuen wir uns einfach daran, was der moderne Gallikanismus in Deutschland so treibt.

Wissen Sie eigentlich, was ein *ma ni 'khor lo* ist? Nun es dient laut Wikipedia dazu, körperliche Aktivität und geistig-spirituelle Inhalte miteinander zu verknüpfen! Hä? Es dämmert immer noch nicht? Gut, noch ein Versuch: Alle

Aspekte der Lebenswirklichkeit sollen in den großen Pfad der Erleuchtung eingegliedert werden, auch einfachste körperliche Tätigkeiten. Noch nicht? Also denn: … auch einfachste körperliche Tätigkeiten wie das Drehen einer Gebetsmühle, einer *ma ni 'khor lo.*

Solche Gebetsmühlen gibt es auch hier und heute.

In Deutschland gibt es da zum Beispiel eine Bewegung, die … obwohl: eigentlich ist schon das Wort Bewegung falsch. Also es gibt eine Bewegung. Ach, beginnen wir am Rhein, beginnen wir mit Heinrich Heine.

Bimini! Bei deines Namens
Holdem Klang in meiner Brust
Bebt das Herz, und die verstorbnen
Jugendträume, sie erwachen.

Auf der Insel Bimini
Quillt die allerliebste Quelle.
Aus dem teuren Wunderborn
Fließt das Wasser der Verjüngung.

Gut: der große Heine hat das Wort Bimini gebraucht und nicht das sehr ähnlich klingende Wisiki, aber er hat doch schön beschrieben, wie sich ein Mensch, wie sich eine Bewegung noch einmal aufrafft, zurück zum Kampfe ihrer wilden Jugend. Verjüngt sollen die Jugendträume zu neuem Leben erweckt werden. Verjüngt bläst die Trompete erneut die Revolutionshymnen halbvergessener Tage.

Ob sich diese Bewegung älterer Damen und Herren jetzt Kirchenvolksbegehren nennt, „Wir sind Kirche", oder gar „Initiative Kirche von unten"; ob sie Demonstrationen mit lila Stolen veranstaltet oder Theologenmemoranden verfaßt, ihre Themen sind immer dieselben. Man kann das jetzt eher negativ, wie ich es mit dem Beispiel der tibetanischen Gebetsmühle getan habe, beschreiben, man kann es aber auch aufmunternd positiv sagen wie jener Fußballtrainer, der vor jedem – wirklich jedem – Auswärtsspiel sagte: „Die Null muß stehen!" Darüber hinaus ist andererseits in Zeiten der Begegnung und Beschäftigung mit ostasiatischer Spiritualität und einer Verehrung für den Dalai Lama ja auch eine Gebetsmühle kein Gegenstand, dem etwas Ehrenrühriges anhaften würde. Die Themen also sind im einzelnen – und ich möchte sie nur kurz nennen, weil alles, wirklich alles dazu schon hinreichend oft genug gesagt und durchdiskutiert wurde –, also die Themen sind: Sex, Demokratie in der Kirche und Frauenpriestertum.

Letztlich geht es aber auch wohl gar nicht um diese Themen, sondern um synodale Strukturen. Nun sind diese ja an sich weder gut noch böse. Formulieren wir es also noch einmal gut gallikanisch: Es geht um Macht in geistlichen Dingen, und wenn wir uns schon einig sind, daß der Papst sie nicht hat, dann werden wir doch unter uns jemanden finden, der sie ausüben kann – man opfert sich halt auf.

Wenn Sie nun am Ende unserer Überlegungen diese Positionen des modernen Gallikanismus schließlich für sich auswählen und übernehmen, haben Sie nicht nur eine wunderbare Ketzerei für sich gefunden. Nein, Sie sind damit auch akzeptierter gesellschaftlicher Mainstream. Letzteres muß Sie in diesem Fall auch bekanntlich gar nicht stören, denn der Gallikanismus will ja, wie wir gesehen haben, kein Ghetto, sondern er ist vielmehr gerade die ureigene Ketzerei der Konformen – oder muß ich sagen: der Konformisten? Wählen Sie sich jetzt nur noch einen der genannten schmackhaften anderen Bezeichnungen als Titel ihrer Ketzerei aus – Wer den Urlaub in der Provence verbringt, mag bei Gallikanismus bleiben; wem der Bezug zu Deutschland wichtig, der mag sich Wessenbergianer nennen; und für die Unentschiedenen gibt es ja immer noch angenehm Unverständliches und damit respekterheischende Benennungen wie etwa den Febronianismus und so weiter und so fort, ihrer ist Legion! – also wählen Sie einen schmackhaften Namen, und Sie haben einen guten Einstieg in den gepflegten Dialog!

By the way und kurz vor Schluß dieses Kapitelchens: Wissen Sie eigentlich, daß es auch noch historische gallische Reste in unserer Kirche gibt? Und zwar finden wir die in der Liturgie und in der Volksfrömmigkeit. Als Karl der Große weiland das römische Meßbuch und die römische Liturgie – übrigens sehr zum Unbehagen des damaligen Papstes – in seinem Reich eingeführt und durchgesetzt hat, haben sich doch einige Reste der vorhergehenden gallikanischen Kultur in mehr oder weniger großen Nischen erhalten.

Eine der größten Nischen ist dabei Mailand. In dieser Stadt hat sich bis heute der sogenannte ambrosianische, mithin also ein gallikanischer Ritus erhalten. Dieser zeichnet sich nicht nur, wie man im Dom oder San Ambrogio unschwer beobachten kann, durch eine gewisse Artistik im Weihrauchschwenken* aus, sondern auch z.B. durch eine Adventszeit von sechs Wochen.

---

* Wenn Sie mal in der Gegend sind, schauen Sie sich das unbedingt an! Die kreisförmigen Bewegungen bei der Inzens werden dort nämlich nicht wie bei uns in einer Parallelebene zur Altarebene durchgeführt, sondern senkrecht zu dieser. Da darüber hinaus das durchschnittliche Mailänder Weihrauchfaß oben offen ist, lassen sich im gläubigen Volke mancherlei Meditationen über unser Gebet, das wie Weihrauch zum Herrn aufsteigt, oder auch nur über die Zentrifugalkraft durchführen.

Für uns Niederrheiner gibt es aber dann ein noch viel wichtigeres Relikt altgallischer Frömmigkeit: die Verehrung des heiligen Martin und damit verbunden der Beginn des Karnevals – Elfter im Elften –, Helau zusammen! Ja, was hat denn jetzt der Karneval mit dem heiligen Martin zu tun, und ist der Elfte im Elften als Karnevalsbeginn nicht zufällig, oder mit der Zahl elf als einerseits Symbol der Unvollkommenheit oder andererseits einfach als Übernahme von den elf Hermelinflammen des Kölner Stadtwappens erklärbar? Die Wahrheit ist – wie gerne am Rhein – viel schöner.

Erinnern Sie sich noch an Mailand und die sechswöchige Adventszeit? Diese Adventszeit gab es natürlich im ganzen fränkisch-gallischen Reich. Und diese Adventszeit war – damals ebenfalls natürlich – eine Buß- und Fastenzeit vor dem Weihnachtsfest und somit eine geschlossene Zeit, das heißt eine Zeit, in der man etwa keine Tanzveranstaltungen durchführen konnte und in der man üblicherweise nicht heiratete. Wenn jetzt wenige Tage vor solch einer Bußzeit ausgerechnet das Fest eines der wichtigsten Heiligen fällt – und der heilige Martin war Patron des Frankenreiches –, dann kann man sich vorstellen, wie ausgelassen dies begangen wurde. „Die Gäns sollst du uns mehren und den kühlen Wein", singt daher das älteste deutsche Sankt-Martins-Lied, „gesotten und gebraten, sie müssen all herein".

Auch nach über zwanzig Jahren Ehe unterhalte ich mich weiterhin gerne mit meiner Frau. Dabei haben sich aber manchmal seltsame Rituale eingeschlichen. So erinnere ich mich daran, wie ich ihr sagte: „Weißt du, Schatz, eigentlich haben wir hier am Niederrhein von Rechts wegen auch sechs Wochen Advent. Das ist eigentlich erst vor kurzem abgeschafft worden." Die Antwort der besten Ehefrau von allen (hier irrte Ephraim Kishon in der Benennung übrigens) kam prompt: „Wenn du sagst, vor kurzem, dann meinst du mindestens fünfhundert Jahre". Nun, ich mußte zugeben, es waren mehr als fünfhundert Jahre, aber wie soll ich es sagen? Vor dem Niederrhein sind eben elfhundert Jahre plus elf Dekaden wie ein Tag – quasi!

Diese Form von Gallikanismus laß ich mir gefallen! Auch wenn ich als Autor eines Ratgebers Sie ansonsten in der Wahl Ihrer Ketzerei natürlich nicht beeinflussen will.

„Ich hasse süßliche Bilder" – Ikonoklasten heute

Kennen Sie das auch? Da ist vom Musikantenstadl die Rede oder auch von Countrymusik. Ja, es muß gar nicht mal das Musikantenstadl sein, es kann einfache deutsche Volksmusik sein, es muß nicht der bombastische Klang aus Nashville sein, sondern guter, erdiger Bluegrass, trotzdem sitzen sie da und rümpfen die Nase, die kulturellen Bedenkenträger (im folgenden kurz BdkT genannt).

Alle haben wir ihre Sätze schon gehört, die in der einfachen Variante mit „Das ist eigentlich kein richtiger" beginnen. Mir geht's zum Beispiel immer beim Jazz so. Obwohl ich die drei Zugangskriterien für den Jazzliebhaber erfülle (ich bin männlich, über vierzig und habe einen Universitätsabschluß), gestehe ich freimütig: Eigentlich mag ich keinen Jazz. Dann jedoch finde ich doch mal ein Stück Musik dieses Genres, das mich fasziniert oder das ich zumindest mag, schon sind – wie der Igel im Märchen – die BdkTs wieder da: „Das ist ja auch kein eigentlicher Jazz", lautet das Urteil, das sie mir armem Häslein um die Ohren knallen.

Böser noch ist die Ernstzunehmendenfraktion der BdkT. Ihr apodiktisches Urteil lautet: „Das ist keine ernstzunehmende/kein ernstzunehmender …" Zu meiner Studienzeit wurde mit solchem Verdikt übrigens gerne eine unliebsame Gegenposition verhindert. „Dieses Buch ist nicht ernstzunehmen", oder noch besser: „Dieser Artikel ist nicht zitierfähig"!

Nochmals zurück zum Beispiel der Volksmusik: Es existiert hier ja nicht nur die von den BdkTs zu Recht abgelehnte verschlagerte und verkeyboardete Variante dieser Musik. Es gibt eben auch die Gefahr von der anderen Seite. So schreibt Hans Well von der Biermösl Blosn, dieser Urquelle neuer bairischer* Volksmusik:

> *Unterhaltungselemente werden von den „hundertprozentigen Volksmusikpäpsten" – von denen es eine ganze Menge vor allem in führenden Positionen gibt – generell gleichgesetzt mit Show – Schnickschnack und sind deshalb streng verpönt. Echte Volksmusik soll andachtsmäßig zelebriert werden*

Ich darf ergänzen: Dieses andachtsmäßige Zelebrieren und dieses (jetzt mit einem neuen Wort gesagt) Ernsthaftnehmen sind nun aber, wenn nicht sofort so doch auf Dauer, der Tod jeder kulturellen Handlung. O diese Bedenkenträger – dreimal Wehe den BdkTs!

Ihrer ist Legion und es gibt sie natürlich auch in der religionskritischen oder, genauer gesagt, in der religiös religionskritischen Variante. „Hach, diese süßlichen Andachtsbilder, diese Herz-Jesu-Statuen, diese überladenen

---

* Verehrte Rezensenten müssen hier beim Auflisten meiner Fehler vorsichtig sein. Ich unterscheide zwischen bairisch und bayerisch. Ersteres betrifft ein oberdeutschen Dialektbündel, letzteres ein bundesrepublikanisches Bundesland. Ein Salzburger ist Bair, aber kein Bayer. Ein Würzburger ist Bayer, aber kein Bair.

Barockkirchen, ach, ich weiß nicht." Der Verfasser möchte an dieser Stelle, auch auf die Gefahr hin, daß manche seiner Leser das Buch sofort weglegen, klarstellen und bekennen: Barockarchitektur kommt mir nicht ins Fotoalbum, und in der Wieskirche kommt bei mir kein Glaube auf. Dennoch, auch da gibt es das gleiche allgemein menschliche Problem wie vorher.

Sie verstehen nicht ganz? Wohlan denn, betrachten wir ein Beispiel: Stellen Sie sich vor, Sie kommen (wie ich) vom Rhein und haben (wie ich) mit Karneval nicht viel am Hut. Ich weiß, das ist eine seltsame Kombination, aber wie mein Beispiel lehrt, doch immerhin prinzipiell im Rahmen der Möglichkeit. Insbesondere Umzüge und der Sitzungskarneval langweilen Sie zutiefst. Irgendwann dämmert dann ganz weit hinten in ihrem Kopf der Gedanke auf, eigentlich gibt es nichts so Schlimmes wie den Karneval. Doch noch bevor die Wolken dieses Gedankens sich verfestigt haben, wird Ihnen das Gegenargument begegnen. Das fleischgewordene Gegenargument zur These „Karneval ist das Schlimmste überhaupt" ist – der Karnevalshasser. Unabhängig zu welcher Untergattung er dabei zählt, ob es der fromme Protestant ist, dem das Ganze zu katholisch und zu leiblich ist, ob es der Zeuge Jehovas ist, der Feiern an bestimmten Terminen sowieso schon für böse hält oder ob's der wohlsituierte Bürger ist, der vor dem tobenden Pöbel auf die einsame Skihütte flieht, alle verbindet sie eins: der moralinsaure Ton und der Blick, der gleichzeitig traurig-entsetzt und arrogant ist. Sie können mir nicht folgen? Spielen Sie bitte kurz in Gedanken mal folgendes durch – und ich kenne von diesem Menschen keine Äußerungen zum Thema Karneval, das heißt, auch ich muß somit dieses Spiel mit Ihnen zusammen spielen –, also stellen wir uns vor: Eugen Drewermann wird zum Thema Karneval befragt. Was wird der wohl sagen? Sehen Sie, genau das meine ich!

Und darum: Auch wenn ich, wie gesagt, kein Barock mag, richtig auf den Senkel gehen mir die Barockhasser, und mehr verärgern mich noch diejenigen, die die herrlichen Nazarenerbilder des neunzehnten Jahrhunderts verachten, die ernsthaften Kunstliebhaber.

Und jetzt sind dann wieder Sie gefragt! Weil die Aussage „Also ich finde weinende Herz-Marien-Statuen kitschig" Sie sicher nicht in den Olymp der Partyrhetoriker erheben wird, sagen Sie doch einfach bei passender Gelegenheit: „Ich bin Ikonoklast."

*

Im Jahre 730 kam es in Konstantinopel zu wilden Ausschreitungen. Was war passiert?

Kaiser Leo III. der Isaurier hatte angeordnet, über dem Chalke-Tor seines Palastes, das heißt über dem zeremoniellen Eingang, ein Christusbild zu entfernen. An dessen Stelle ließ er ein Kreuz anbringen. Nun war es damals mit dem, der den Konstantinopolitanern an die Bilder geht, so wie heute mit dem, der den Franzosen an das Sozialsystem geht: Es gab Demonstrationen, Randale, Brände und Tote. In zwei großen Wellen erschütterten die anschließenden Auseinandersetzungen zwischen Bilderverehren und Bilderstürmern, zwischen Ikonodoulen und Ikonoklasten mehr als hundert Jahre lang das byzantinische Reich und brachte es mehrfach an den Rand einer Katastrophe. Selbst bei uns im fernen Westen waren die Erschütterungen zu vernehmen. Erst eine Synode im Jahre 843 beendete nach mehr als einem Jahrhundert schließlich die Auseinandersetzung im Sinne der Bilderfreunde.

Aber wenn dem so war, warum machte der Kaiser so etwas gefährliches, warum ging er solch ein innenpolitisches Risiko ein? Warum riskierten Mönche, Minister und Patriarchen ihr Leben, indem sie sich gegen die Bilder aussprachen? Warum nur wollten die Ikonoklasten die Bilder abschaffen?

Leider hat die anschließende „Wiederherstellung der Orthodoxie", die noch heute in der griechischen Kirche als Fest begangen wird, keine größere zusammenhängende Argumentation der Ikonenfeinde übriggelassen. Vielleicht gab es ja auch keine solche. Also versetzen wir uns in Kaiser Leo und seinen Brainpool:

Natürlich gibt es verschiedene Gründe. Da spielt einerseits eine übertriebene Volksfrömmigkeit eine Rolle. Für den theologisch gebildeten Minister war es natürlich disgusting, wenn der einfache Mann von der Straße sich vor den Bildern niederwarf. Wir gebrauchen dafür heute das edle Wort Proskynese. Der damalige Staatsdiener sah den Proll sich vor den Bildern auf dem Boden wälzen. Dann war da noch der gerade überstandene Streit mit den Monophysiten. Irgendwie schmeckte die Verehrung der Bilder nach nur einer gottmenschlichen Natur Christi, die dann natürlich auch im Bild verehrt werden konnte. Dem historisch gebildeten Mitglied des kaiserlichen Think-Tanks war darüber hinaus ebenfalls klar, daß die Anbringung einer Öllampe schon in alten heidnischen Zeiten vor dem Kaiserbild angeordnet war, mithin zumindest auf den ersten Blick ein Rückfall in die vorchristliche Vergangenheit vorlag. Nicht rational begründet, aber gefühlt ein Stück zurückgekehrter Zeit der Christenverfolgung. Wir Byzantiner stellen ja schließlich auch nicht die Orgeln in die Kirche, die im Zirkus die Christenhatz begleiteten. Aber letztendlich ging es doch vor allem um ein theologisches

Problem: *Du sollst dir kein Bildnis machen – lehrt die Bibel –, kein Bildnis, noch irgendein Gleichnis machen, weder von dem, was oben im Himmel, noch von dem, was unten auf Erden, noch von dem, was im Wasser unter der Erde ist: Bete sie nicht an und diene ihnen nicht! Denn ich, der HERR, dein Gott, bin ein eifernder Gott, der die Missetat der Väter heimsucht bis ins dritte und vierte Glied an den Kindern derer, die mich hassen.* Man kann es drehen, wie man will: auch das Bild des Heilandes und der Heiligen war eben doch ein Bild. Es gab sicherlich Gegenargumente, so war das Bild Christi natürlich nicht einfach die Abbildung eines Geschaffenen, sondern in den christologischen Kämpfen der vergangenen Jahrhunderte hatte sich gerade herausgestellt, daß die göttliche Natur Christi gezeugt, nicht geschaffen war. Doch dann: Konnte man diese abbilden; oder wurde diese mit abgebildet; und wenn diese mit abgebildet wurde, was hieß das dann eigentlich für dieses bemalte Stück Holz, das da vor dem Betrachter lag? Ja, ja, Jesus Christus ist das Bild des unsichtbaren Gottes, so lesen wir zu Beginn des Kolosserbriefes. Aber durfte man dieses Bild dann selbst wieder abbilden? Ist das dann ein Zweitbild oder ein Metabild gleichgar, Bildesbild? Schwierig, schwierig! In diesem Zusammenhang stellte sich auch eine eher fromme Frage: Wenn Christus in der Eucharistie ganz gegenwärtig sichtbar, begreifbar und schmeckbar war, waren die Bilder dann genauso sehr Christus wie die Eucharistie oder ein bißchen weniger oder nur symbolisch? Philosophisch und theologisch kam der kaiserliche Beraterstab an seine Grenzen.

Darüber hinaus gab es auch noch ein realpolitisches Problem. Hundert Jahre vorher war in der südöstlichen Wüste ein neuer Prophet aufgestanden. Nun mochte es für den byzantinischen Kaiser egal sein, wo im weiten Osten zwischen Damaskus und Peking wieder ein neuer Prophet aufgestanden war, aber dieser Mohammed hatte eine Lehre verkündet, die durchaus handfeste Konsequenzen hatte, und seine Nachfolger hatten diese Lehre aggressiv weiterverbreitet. Der ganze südöstliche Mittelmeerraum war ihr schon zugefallen. Obwohl eigentlich von Hause aus dem Christentum wohlgesonnen, verstanden die Anhänger dieser neuen Lehre in einem Punkt keinen Spaß: Bilder gingen gar nicht! Jetzt wegen irgendwelcher alter Mütterchen, die sich gerne vor Bildern niederwerfen wollten, eine außenpolitische Krise zu verursachen – da war sich der kaiserliche Beraterstab einig –, war unmöglich. Wie sehr der Kaiser und seine Berater dabei übrigens falsch lagen, zeigt ein eigentümlicher Treppenwitz der Weltgeschichte. Der größte und aufrechteste Kämpfer im Streit für die Bilder und gegen die Ikonoklasten – der heilige Johannes – lebte gerade unter der Regentschaft des neuen Glaubens. Gerade weil er dort in der Hauptstadt des politischen Gegners des Kaisers in Sicherheit war, konnte er frei von Verfolgung und ohne sich um die Befehle des Kaisers zu kümmern, zugunsten der Bilder und für ihre Verehrung schreiben. Noch heute wird dieser Kämpfer für die Bilderverehrung in der Kirche des Ostens hoch verehrt, und noch heute trägt er in seinem Beinamen den Namen der Hauptstadt des Kalifenreichs: Johannes von Damaskus, Johannes Damaszenus.

Und heute?

Eigentlich eine seltsame Frage: Wie ist das Verhältnis der Ostkirche zum Bild heute? Jeder Christ des Ostens würde uns jetzt sagen: Genau wie immer. Spätestens seit dem Ende des Bilderstreites hat sich nichts mehr getan, ja, es kann sich gar nichts mehr getan haben. Komische Idee? Nun wohl, so fremd ist uns „Westlern" dieser Gedanke auch nicht. So führt der römische Kanon, das altehrwürdige Hochgebet der römischen Kirche die je gerade gefeierte Messe bis in die Zeiten Abels zurück und läßt uns mit Abraham und Melchisedek an einem Opfertisch stehen.

Blicke versöhnt und gütig darauf nieder und nimm sie
(die Opfergabe) an
wie einst die Gaben deines gerechten Dieners Abel,
wie das Opfer unseres Vaters Abraham,
wie die heilige Gabe, das reine Opfer deines Hohenpriesters Melchísedek.

Im Dom von Ravenna können wir dies sogar bildlich erleben, wenn sich auf einem Mosaik im Chorraum die drei genannten – gleichsam mit uns – um einen Altar versammeln.

Dennoch: Vergleicht man die Entwicklung der westlichen Kirchenkunst mit der östlichen, so steht die Welt der letzteren praktisch still. Auch wenn im Westen Cimabue und Giotto Kunst geschaffen haben, die an den Osten gemahnt und die – so finde zumindest ich – viel mehr Transzendenz durchscheinen läßt als vieles spätere, und auch wenn ein Fachmann natürlich das Alter einer Ikonen datieren kann. Für den Gläubigen des Ostens spielt das Alter einer Ikone, spielt ihr künstlerischer und kunstwissenschaftliche Wert letztendlich keine Rolle, solange sie nur recte und rite gemalt ist und solange sie in der Kirche recte und rite angeordnet ist. Dem überströmenden Leben einer Barockkirche steht bei aller Farbe und bei allem Gebrauch von Gold im Osten doch eine herbe Strenge in der Gestaltung gegenüber: Christus und Maria können sich eben nicht irgendwo auf der Ikonostase befinden. Vielmehr befinden sie sich zu beiden Seiten der königlichen

Tür. Seht, dort ist Johannes der Täufer, der Prodromos, der Vorläufer des Herrn an seinem Platz. Schaut dort, die Apostelkommunion; Seht, oder zumindest ahnt – aber wißt – den furchteinflößenden, doch menschenliebenden Pantokrator im Gewölbe. Alles ist geordnet, alles an seiner Stelle und das seit 1200 Jahren, ja seit der Apostelzeit, als unser Herr noch auf Erden wandelte.

Alles ist geordnet!

Und so betet die Kirche am ersten Sonntag der Fastenzeit, dem „Sonntag der Orthodoxie":

Alljährliche Danksagung schulden wir Gott für den Tag, da wir die Kirche Gottes zurückerhielten, indem wir die Dogmen des rechten Glaubens proklamieren und die Gottlosigkeit der Bosheit verwerfen.

… Über uns war ein Winter gekommen, nicht irgendeiner, sondern jener des großen Unheils, der seine Rauheit ausgoß über uns. Doch nun ist der Frühling erblüht, der Frühling der Gnade Gottes, wo wir zusammenkommen, um Gott zu danken für die Ernte der guten Dinge.

Alles ist geordnet, und Freude erfüllt des Menschen Herz!

Und dann kommt – neben dem Vorwurf der Versteinerung und der damit verbundenen Verarmung aus westlicher Sicht noch einmal, wie weiland in der Zeit des Bilderstreites – der Vorwurf eines Verstoßes gegen das zweite Gebot. Wie kann man den Glauben an einen Gott, der die Bilderverehrung verbietet, durch Bilder lernen und praktizieren? Hören wir, was uns ein orthodoxer Theologe der Gegenwart darauf antwortet. So schreibt der emeritierte Professor für östliche Theologie der Universität Münster in seinem Buch „Orthodoxie – Was ist das?":

Das Bild im ostkirchlichen Sinn ist nicht etwas, das auf-grund seiner Ähnlichkeit mit dem abgebildeten Gegen-stand und der Ursprungsbeziehung an Stelle des Urbildes steht, sondern die Vergegenwärtigung der unsichtbaren Wirklichkeit; das Symbol offenbart die Wahrheit einer Wirklichkeit, die dem kategorialen Denken verschlossen bleibt.

Anschließend weist er maliziös den westlichen Vorwurf des Bilder- und Götzendienstes zurück, indem er ihn um-kehrt:

Die „Bilderstürmer" aller Zeiten errichten an Stelle des Bildes ein kategoriales Gerüst, auf dem sie bei ihren Be-mühungen, in das Göttliche vorzustoßen, eine gefährli-che Akrobatik betreiben. Sie verzichten auf das greifbar-faßbare Bild zugunsten der strengen Logik, mit deren Hilfe allein der menschliche Verstand in die geistige Welt einzudringen vermöge. Sie pressen das Unfaßbare in Denkkategorien, die aus dem Bereich eines objektiv logisch verständlichen Realismus stammen, und fal-len damit einer verhängnisvollen Mythologisierung der geoffenbarten Wahrheit anheim, was sie gerade vermei-den wollen. Sie versuchen, das Unbegreifliche in einer Weise begrifflich faßbar und mitteilbar zu machen, die die Unendlichkeit des Transzendenten zerstört. Mit ei-nem kategorialen Denksystem, sagt Gregor von Nyssa ..., verkündet man nicht Gott, der jenseits der menschlichen Begriffs- und Vorstellungskraft liegt, sondern man schafft Götzenbilder.

*

Wir halten noch einmal stichwortartig fest: Ende des alten Ikonoklasmus und Wiedereinsetzung der Bilderverehrung auf der Synode von Konstantinopel 843.

Eine weitere wogende Welle des Ikonoklasmus begann mehr als 1000 Jahre später in den Zwanzigerjahren des letzten Jahrhunderts zu wabern und wälzte sich dann seit den Fünfzigerjahren über die Kirchen Deutschlands.

Doch halt, vielleicht erst zwei kleine Bemerkungen vorweg. Es gab immer ernstzunehmende Reformansätze in Kunst und Architektur, und so glaube ich zum Beispiel nicht, daß die vielzitierte Bauhauskunst auch nur in Ansätzen an all dem schuld ist, was sich so auf sie beruft. Und dann betrifft zweitens der Trend zu einer „modernen" und „funktionalen" Architektur und Kunst natürlich nicht nur den Kirchenbereich – aber dort fällt er halt am unangenehmsten auf. Ein städtisches Finanzamt mag noch so häßlich sein, zumindest als Besucher betrete ich es auch nicht in der Absicht der Erbauung. Ein Bahnhof einer Bundeshauptstadt soll mich nicht zum Schönen, Wahren und Guten leiten, sondern mir die schnellste Verbindung nach Hamburg bieten. Auch da tauchen natürlich jetzt sofort wieder Gegenargumente auf. Irgendwie ist die kaiserzeitlich wilhelminische Neorenaissancepostzentrale dann doch schöner als die Postgebäude aus den frühen 70ern, und ob sich diejenigen, die in erwähntem Finanzamt arbeiten, nicht doch in einem anderen Gebäude lieber aufhielten, möchte ich jetzt nicht untersuchen. Sei's drum!

In der Kirche kann man besagten Neo-Ikonoklasmus mit der schönen Formel

$$4B + 1B$$

zusammenfassen. Die ersten vier B stehen hierbei für die Materialquadriga des Schreckens. Betrachtet man ein Kirchengebäude, seine Einrichtungs- und Funktionsgegenstände dieser Zeit, so entdeckt man Beton, Bergkristall, Bronze und Batik. Nun ist nicht jedes dieser Materialien an sich von Übel. Bronze zum Beispiel kann man eigentlich in einer Kirche nicht genug haben, nur sollte sie sich in gegossener Form im Turm befinden. Auch eine Autobahnbrücke aus Beton scheint sinnvoller als eine solche aus Sandsteinbögen. Also was ist denn dann das wirklich Schlimme an den vier Bs? Ich meine, es ist das strukturierende fünfte B. Es scheint oft so, daß dieses fünfte B nicht für Bauen steht, sondern für Basteln. „Basteln" selbst steht dabei wiederum nicht für die volkskünstlerische Gestaltung von praktischen Alltagsdingen, sondern für eine beschäftigungstherapeutische Herstellung überflüssiger Gegenstände. Damit wird dann auch sofort der Unterschied zur Handarbeit oder zum Basteln der Kinder deutlich. Ein gestrickter Schal hat eine Funktion – jedenfalls im Winter –, ein gesticktes Bild, ein Teddybär ist schön oder sollte zumindest schön sein, ja, beim Basteln der Kinder kann man sogar weltschöpferische Prozesse erleben, in dem Weltensysteme gebaut, benannt, ja quasi sakramental belebt werden. All dies nicht bei den 4 + 1 Bs; das sei ferne! Die Materialien sollen rauh sein, sie sollen nicht schön sein, sie „sollen nicht vom Eigentlichen ablenken" – stellen Sie, wenn diese Floskel fällt, doch mal spaßeshalber die Frage: „Was ist eigentlich dieses Eigentliche?" Sie werden beim Verwender besagter Formulierung je nachdem Verwirrung, Verwunderung oder Empörung ernten, aber sicher keine Antwort erhalten – kurz gesagt, die Materialien und ihre Verarbeitung dürfen zu jedem Ergebnis führen, nur eben nicht zu einem Bild des Zeltes Gottes unter den

Menschen. Dieses letztere Bild, diese Ikone der göttlichen Gegenwart, wird vom modernen Bilderstürmer auf Teufel komm rein bekämpft.

Und jetzt am Ende unserer Überlegung tun einem die Ikonoklasten der Antike schon fast leid. Also denn, benutzen Sie dieses Wort, renommieren sie intensiv damit, aber denken Sie manchmal mit einem gewissen Mitleid an die alten Ikonoklasten.

Wie das Leben so spielt. Nachdem ich dies geschrieben hatte entdeckte ich einen Artikel in der Zeit. Jean Loup schrieb über die Banlieues von Paris, jene riesigen Betonviertel am Stadtrand von Paris und anderen französischen Großstädten, die schon der Asterixband „Die Trabantenstadt" so herrlich karikiert hat – und wer einmal in Paris war, weiß, daß auf ein Drittel Paris mindestens zwei Drittel Banlieue kommen. Alle paar Jahre rebellieren die Jugendlichen dort, und ein Viertel brennt. Schlimmer aber ist die Tristesse, die ansonsten herrscht. „Die Verhöhnung beginnt damit, daß die Betonsiedlung Les Bosquets heißt. Anstelle von ‚Wäldchen' sind heruntergekommene Häuserfronten zu sehen, Graffiti wie ‚Fuck Police' oder auch, bedrohlicher, ‚Mourad balance', was soviel heißt wie ‚Mourad ist ein Polizeispitzel". Antennenschüsseln überall, für die arabischen Sender. Der verkokelte Betonklotz unter dem gelben Postschild war einmal ein Geldautomat." Und wir, die wir diese Schilderung lesen, fragen uns: Wer konnte so was bauen, welcher Politiker oder Architekt zeichnet für so etwas verantwortlich? Aber schauen wir dann genauer hin: Es waren die besten Architekten ihrer Zeit, und es waren wohlmeinende Bürgermeister, die dies erschufen. Der große Le Corbusier hat solche Viertel entworfen. Es war eine Infrastruktur vorhanden. Die Häuser waren hell und gesund, die Wohnungen modern. Sie hatten Bade-

zimmer und Fernwärme, Kühlschrank und Fernsehanten-
nen. Ähnliches passierte übrigens nicht nur in Frankreich,
sondern in Deutschland etwa auch am Kölnberg oder im
Olympiazentrum München. Es war der Versuch, die Arbeiter aus kleinbürgerlichem Eigenheimmief zu befreien.
Ein grandioser Versuch – und grandios gescheitert. Kaum
kamen nämlich Arbeiter und Angestellte zu Geld, so zogen
sie weg, hin in die Viertel mit den kleinen spießigen Eigen-
heimen mit Vorgarten, vor denen sie doch gerade bewahrt
werden sollten. Nur der Intellektuelle und Künstler verhielt
und verhält sich da übrigens gerne anders. Er zieht auch
aus den Banlieues fort, aber nicht in die Eigenheimviertel,
sondern in die Gebäude der Innenstädte aus dem neunzehnten Jahrhundert, und muß dann allerdings gerade
dort um den Wohnraum mit den steinreichen Architekten
und Politikern konkurrieren, die ihrerseits die erwähnten
Trabantenstädte errichtet haben. Und hier offenbart sich
der Ikonoklast als Sphinx: Sagen wir es zuerst negativ. Der
Ikonoklast ist ein paternalistischer Macher, der sich in keiner Weise darum kümmert, was die einfachen Leute wollen. Oder doch lieber positiv? Wohlan: Der Ikonoklast ist
ganz im Gegenteil ein liebevoller Kümmerer, der weiß, was
gut für sich und, vor allem, was gut für andere ist und der
den Menschen gesellschaftlich und ästhetisch helfen will.
Sagen Sie also ruhig „Ich bin Ikonoklast", aber bereiten Sie
sicherheitshalber schon mal ein paar Gegenargumente auf
Einwände der reaktionären einfachen Leute vor.

Seien Sie ein echter Ketzer!

Nach dieser unserer langen Reise drängt sich die eine Frage auf, die Frage des Weisen Salomo

$$\text{אֵין חָדָשׁ תַּחַת הַשֶּׁמֶשׁ}$$

En Hadasch tachat ha-Schämäsch – Gibt es wirklich nichts Neues unter der Sonne? Ist eine jede Mainstream-Meinung schon mal als Häresie dagewesen? Warum haben nur die Ketzer so putzige Namen? Und vor allem: Gibt es gar keine neuen Ketzereien?

Zuerst ein Wort der Beruhigung: Auch wenn Sie die Gegenthese zu einer unserer Ketzereien vertreten wollen, lassen sich mit einigem guten Willen schmackhafte Namen finden. So wurden die Gegner der Gnostiker als Anthropomorphiten beschimpft, die Gegenströmung der Gnesiolutheraner wurde nach dem genannten Philipp Melanchton als Philippisten bezeichnet, was wörtlich dann „Pferdefreunde" bedeutet, oder man nannte sie Kryptocalvinisten. Also nur Ruhe – da läßt sich schon was machen.

Auch neue Ketzereien sind nicht so schwer, also versuchen wir es mal gemeinsam. Ich nehme dabei natürlich an[*],

---

[*] Oder besser: Ich setze dabei natürlich voraus!

daß Sie als echter Ketzer gegen Ihr eigenes gesellschaftliches Umfeld „losketzern" wollen und nicht zum Beispiel als linksorientierter Ketzer eine Ketzerei wider ein liberalkonservatives Gedankengebäude aufstellen wollen und natürliche vice versa. Darum nun hier im Multiple-choice-Verfahren:

Ketzerei für den rechten User

Greifen Sie doch einfach mal das Hauptdogma der Gegenwart an, indem sie die Selbstheilungskräfte des Marktes negieren. Erklären Sie, daß das Wirken marktwirtschaftlicher Kräfte nicht von selbst Gutes hervorbringt, bringen Sie Beispiele, in denen gewachsene Strukturen der Arbeits- und Güterverteilung von übernationalen Institutionen mit Berufung auf die Autonomie des Marktes zerstört wurden, weisen Sie darauf hin, wie überkommene Saat- und Ernteprinzipien in Dritte-Welt-Ländern, die zwar patriarchalisch strukturiert waren, aber funktionierten, von der Weltbank durch vielleicht freie, am liberalen Markt orientierte, aber leider in der Praxis nicht funktionierende Systeme ersetzt wurden. Weisen Sie darauf hin, wieviel Hunger auf dem Altar des freien Marktes erzeugt wurde. Wie Bauern in der Dritten Welt gentechnisch verändertes Saatgut von internationalen Konzernen aufgedrängt wurde, weil es ja (zwar nur kurzfristig, aber das sagt ja keiner) billiger sei als das bisherige von Gesellschaft und Tradition protegierte einheimische Produkt. Daß nach Jahr und Tag dann das nunmehr ausschließlich vorhandene ausländische und wahrscheinlich patentierte Saatgut auf einmal für den Bauern in Äthiopien oder Paraguay unerschwinglich teuer ist und die mittlerweile entstandene Monokultur auch noch anfälliger gegen Umweltkatastrophen und Krankheiten, das wurde vorher nicht erwähnt. Daß nun auch die nötigen Pestizide und Wachstumsbeschleuniger vom einstmals billigeren Patentbesitzer und Saatgutverkäufer erworben werden müssen, tragen Sie dann auch noch mehr oder weniger genüßlich vor.

Erwähnen Sie wie ein aktueller *Zeit*-Artikel (und es geht um die eher liberal konservative *Zeit,* nicht um die *taz* oder die *Süddeutsche)* vor einigen Wochen den sogenannten Washington-Konsens von 1990, der besagt, daß nur jene Länder weiterhin Kredite erhalten sollten, die auf Zölle und Fördermaßnahmen verzichten und die ihre Märkte für Produkte aus Geberländern wie Europa oder den Vereinigten Staaten öffneten. Erwähnen Sie dann noch kurz das Sterben der einheimischen Betriebe. Der Beitrag des Blattes bringt unter anderem das Beispiel, daß noch vor dreißig Jahren Haiti sich selbst vollständig mit dem Grundnahrungsmittel Reis versorgte, im Jahre 2008 aber 80 Prozent des Reises importiert werden mußten.

Haben Sie den Mut, dies alles auszuführen, und schon wird Ihnen die reine Lehre entgegengehalten werden, hier konkret: Sie wollten wohl in den Protektionismus zurückfallen? Wohlgemerkt geht es hier nicht um Gegenargumente zu Ihrer Aussage. Mit heiligen Vokabeln wird gut und schlecht dargelegt, und dieser vokabularbewehrten Linie ist zu folgen. Fassen Sie dies als Ukas, als Dogma oder als Fatwa auf, auf jeden Fall: Sie sind der Ketzer!

Jetzt können Sie natürlich sagen, das ist doch gar nichts Neues, ein Blick in *Spiegel, Süddeutsche* oder gar *Neues Deutschland* führt uns doch diese Thesen beständig vor Augen. Einerseits haben Sie sich dagegen ja durch den *Zeit*-Artikel gewappnet, aber noch viel wichtiger ist folgendes: Solche Thesen vertreten Sie natürlich nicht in der marxistisch-leninistischen Studiengruppe oder auf der Ortsversammlung der Grünen, nein, nein; Sie sind ja schließlich Ketzer. Sie verkündigen diese Ihre Erkenntnis beim Ring christlich-demokratischer Unternehmer oder beim Stammtisch des FDP-Kreisverbandes. Wohlan denn; und Freude über das Ihnen dort entgegenschallende Echo sei Ihr Lohn!

Nun zur Gegenseite:

Ketzerei für den linken User

Seien Sie doch einfach mal nicht pc – oder für Leser, die sich, wie ich, gerne einer etwas konservativen Sprache befleißigen: Seien sie doch mal politisch unkorrekt. Sagen Sie nicht: „Meine lieben Zuhörerinnen und Zuhörer", sondern einfach nur zweiteres. Und erläutern Sie dann natürlich auch genußvoll, daß im Deutschen die männliche Form beide Geschlechter umfaßt. Dies nenne man dann inklusive Sprache. Ob Sie das Binnen-I dann aus ästhetischen, grammatischen oder auch ganz ohne Gründe verweigern, spielt gar keine Rolle mehr. Wichtig ist aber auch hier: diese Ihre Ketzerei muß systemimmanent erfolgen. Folglich verbreiten Sie Ihre Lehre nicht beim Bunde kaisertreuer Grammatikschützer oder beim Verband konservativer Rechtspfleger; nein, nein: Sie suchen sich dafür natürlich den frauenpolitischen Arbeitskreis des SPD-Ortsverbandes in Weibersbrunn aus. Und auch Sie werden sofort erleben, wie erfüllend ein Leben als Ketzer sein kann.

Eine letzte Frage drängt sich da noch auf. Die genannten Beispiele sind ja zugegebenermaßen doch eher milder Natur, die Wahrscheinlichkeit, daß Sie durch solche Aussagen Schaden an Leib und Leben oder auch nur am Eigentum nehmen, sind eher begrenzt, zumindest hier und heute. Also gibt es wirklich kein historisches Vorbild für einen Menschen, der knackigste Ketzereien offensiv und konsequent vertreten hat? Doch, doch, den gibt es: Jesus! Aber wie das geendet hat, wissen Sie ja selber, also lassen wir es lieber.

Teil III — Und sonst?

„Wege der Forschung"

Jedes ernsthafte wissenschaftliche Werk mit Anspruch endet mit einem Bereich, der weiterführende Litteratur[*] und ähnliches vorstellt. Da dieses Werk nun nicht den Anschein erwecken will, es sei zur Unterhaltung geschrieben, möchte ich auch hier einige Hinweise geben.

Also denn: Folgendes sollten Sie nicht lesen – und wenn … ach, Sie werden schon sehen. Aber wie sagte ein alter Professor von mir, bestimmte Werke muß man kennen, wohlgemerkt nicht gelesen haben, aber zumindest den Titel sollte man gehört haben.

Horst Herrmann, Ketzer in Deutschland

Ein ärgerliches Buch. Ohne jede Differenzierung wirft er alles in einen Topf. Und dort köcheln dann Ketzer gemeinsam mit Juden, Hexen gemeinsam mit dem historischen

---

[*] Seit Anfang des zwanzigsten Jahrhunderts schreibt der Duden Litteratur fälschlich mit einem T zu wenig. Da das Wort von lateinisch *littera* kommt, bin ich denn hier – auch mit Blick auf die Erfordernisse der Gegenwart, sprich das englische letter – selbst einmal sprachlicher Ketzer.

Jesus und den großen Duldern der Gegenwart bis hin zum Verfasser selbst. Das Ganze mag in der Biographie des Autoren begründet sein, doch aus seiner Vergangenheit als Philosoph und Kirchenrechtler hätte Herrmann zumindest ein wenig Differenziertheit herüberretten sollen. Der von ihm gebraute Eintopf schmeckt wie Ravioli an sauren Gurken mit Schokoladensauce. Ärgerlich.

Rupert Lay, die Ketzer

Einen ganz anderen Ansatz wählt das Buch des Jesuiten und Philosophen Rupert Lay. Auch er hat die in vergleichbaren Büchern immer wieder vorkommende unausgesprochene Grundannahme: der Ketzer hat recht! Eigentlich seltsam, wie sehr wir schon gut pawlowsch dieser These zustimmen. Wir hören Ketzer, der Seiber läuft uns über die Lefzen, wir strecken hechelnd die Zunge raus und sagen „Wau" oder vielleicht auch „Wow" – Ketzer, guter Mann! Spannend ist aber bei Lay, daß er den Ketzerbegriff ausdehnt auf Menschen, die in ihrem gesellschaftlichen oder wissenschaftlichen Umfeld Gegenthesen zu herrschenden Systemen aufstellen. Und so treffen wir hier nicht Arius oder Luther, nicht die Gnostiker oder Manichäer, sondern Menschen wie Charles Darwin, Karl Marx oder Sigmund Freud. Weil Lay dabei auf eine ganz andere Weise einen ähnlichen Weg wie unser Buch geht, sage ich (und ich mag eigentlich keine anderen Bücher neben mir haben!), wenn schon ein anderes Ketzerbuch, dann empfehle ich dieses.

Wunderbar sind für uns die Klassiker. Schon unser großer Vorgänger an der Ketzerfront Gilbert Keith Chesterton schrieb ja: „Klassiker sind Dichter, die man loben kann, ohne sie gelesen zu haben", und eigentlich verdient es sein 1905 erschienenes Werk *Heretics* (dt. *Ketzer)* hier ausgiebig gewürdigt zu werden. Nur ist das mit Chesterton so eine Sache: Will man ihn kurz und humorvoll zusammenfassen, so ist das, was dabei herauskommt, anschließend doppelt so lang, aber halb so komisch wie das Original. Also die Klassiker! Doch auch hier zunächst eine Einschränkung: Kommt die Rede auf unser Thema, auf die Ketzerei, so werden immer wieder zwei Werke genannt.

Erstens steht da der *Hexenhammer,* der *Malleus maleficarum,* diese Urmutter – oder sollten wir politisch korrekt sagen: dieser Urvater? – der frauenfeindlichen Litteratur; jene Einführung in die Hexenverfolgung zweier (und ich sage dies voller Entsetzen) rheinischer Dominikaner; die dunkle Seite der Inquisition. Man könnte an bösesten Black metal denken, wenn – ja wenn – dieses unsägliche Buch nicht so juristisch bieder daherkäme. Auch der Hexenverfolger ist kein Sadist, sondern ein guter deutscher Beamter, der – oft sogar gestreßt oder, schlimmer noch, gelangweilt – seinen Pflichten nachkommt. Grausen überkommt den Leser.

Auf der anderen Seite steht die Cautio criminalis, dieses heldenhafte Werk des rheinischen Jesuiten Friederich von Spee, in dem er – ohne Rücksicht auf sein eigenes Leben – den Hexenwahn bekämpft. Jenes tapfere Buch, in dem …

Aber stopp! Hexen sind keine Ketzer – jetzt mal davon abgesehen, daß uns die großen Geister des Mittelalters lehren, daß es gar keine Hexen gibt und wir erst bis zum Beginn der Neuzeit warten müssen, bis sich die Idee der Existenz von Hexen in Mitteleuropa durchsetzt!

Daß die deutsche Gerichtsbarkeit dann, wohl um von eigener Unfähigkeit in der Ketzerbekämpfung abzulenken, eine Hexensekte erfunden hat, um als Inquisitoren dann statt gegen Ketzer gegen Hexen mit vorweisbarem „Erfolg" vorgehen zu können und daß seit der Reformation evangelische Landesherren und Hexenverfolger ihre katholischen Kollegen noch zu übertreffen suchten, steht auf einem anderen Blatt. Wer will, mag sich das Hexenbürgermeisterhaus in Lemgo im protestantischen Lipperland anschauen, wo der dortige Bürgermeister im siebzehnten Jahrhundert stolz auf seine Spitzenleistungen im Hexenverbrennen war.

Wir sollten und müssen diese Verirrungen in der Geschichte unserer Nation bedauern, aber für unser Thema spielen die beiden genannten Werke keine Rolle, da sie sich nicht mit Ketzern beschäftigen. Wir haben andere klassische Werke.

Also denn die Klassiker: Drei von ihnen wollen wir kurz betrachten und uns dabei jeweils einen Aspekt bzw. eine Aussage zu Herzen nehmen.

Vinzenz von Lérins

In meinem ursprünglichen Entwurf stand an dieser Stelle „Kurze Zusammenfassung: Leben und Werk" – als wenn das so einfach wäre. Leider wissen wir so gut wie nichts über das Leben des Vinzenz. Wahrscheinlich stammte er aus lothringischem Adel und starb wohl kurz vor 450 (wahrscheinlich) auf den Lérins, einer kleinen Inselgruppe vor Cannes, auf denen sich nicht nur damals ein Kloster befand, sondern auf denen – Musketierfans aufgepaßt – auch mehr als ein Jahrtausend später im Fort du Masque de Fer der „Mann mit der Eisernen Maske" gefangengehalten wurde. Ja, und das war es eigentlich schon, was vom Leben des Vinzenz bekannt ist.

Wichtig für uns ist etwas anderes. In seinem Hauptwerk gegen die Ketzer (wir sind beim Thema!), dem *Communitorium adversus haereticos,* das er übrigens unter dem Pseudonym „Peregrinus" (der Pilger) veröffentlichte, findet man seine Definition dessen, was katholisch ist. Wer davon abweicht ist Ketzer. Ich zitiere:

> *„… daß wir halten, was überall, was immer, was von allen geglaubt wurde. Denn das ist wirklich und wahrhaft katholisch …"*

Stellen Sie sich vor, ich hätte Ihnen das vorher gesagt. Dann hätten wir uns zu Beginn des Buches gar nicht so lange mit einer Definition von Ketzerei herumschlagen müssen.

Epiphanius von Salamis

Wie einfach haben wir es doch heute. Wenn ich eine Information suche, mache ich den Computer an, und los geht's. Fast nichts, was ich nicht im world wide web finde. Von Google books bis Gutenbergprojekt ist mehr oder weniger alles eingescannt. Wer erinnert sich noch an vergangene Zeiten, als man schon für die Basisversorgung mit Wissen in Bibliotheken gehen mußte. Noch vor zehn Jahren kaufte ich Bücher unter dem Aspekt, kann man vielleicht einmal brauchen und finde ich hier in meinem Wohnort so schnell sicher nicht. Meine Heimatstadt ist herrlich, hat aber mangels Universität keine Universitätsbibliothek. Ja, noch während meiner akademischen Abschlußarbeit (das ist keine zwanzig Jahre her!) fuhr ich dreihundert Kilometer, um eine Handschrift photographieren zu lassen. Können sich junge Leute das überhaupt noch vorstellen?

Aber jetzt kommen wir zum ABER. Da gab es den Freund (übrigens weder katholisch, noch sonderlich fromm), der mir während der Schulzeit ein Buch schenkte. Ein damals vollständig überflüssiges Buch mit dem Titel: *Ausgewählte Schriften des Heiligen Epiphanius, Erzbischofs von Salamis und Kirchenlehrers, aus dem Urtext übersetzt von Dr. Cölestin Wolsgruber, Benediktiner zu den Schotten in Wien;* aus der ersten Auflage der *Bibliothek der Kirchenväter* von 1880. Ja, mein Gott, wer braucht als vielleicht sechzehnjähriger so ein Buch? Wahrscheinlich hat der Freund es in einem Antiquariat für fünfzig Pfennig billig erstanden, und dann: Wer um alles in der Welt ist Epiphanius von Salamis? „Ja, aber was tut der liebe Gott den ganzen Tag? Nichts als wie fügen!" So sagt der Niederrheiner, und siehe: Genau dieses Buch, genau diese Erstauflage gibt's nicht im Netz; genau dies für unser Buch wichtige Werk, das hab nur ich; dem Jugendfreund sei Dank!

Der heilige Epiphanius wurde von jüdischstämmigen Eltern in der Nähe von Eleutheropolis in Palästina geboren. Wohl auch seiner Abstammung verdankte er eine immense Sprachkompetenz. So sprach und schrieb er neben Latein und Griechisch auch Hebräisch, Syrisch und Koptisch. Einen Teil seiner Erziehung genoß er als Mönch in Ägypten, um dann aber um 333 nach Palästina zurückzukehren und dort ein Kloster in Ad zu gründen. Diesem Kloster stand er dann dreißig Jahre vor. Im Jahre 367 wurde er zum Erzbischof von Salamis auf Zypern gewählt; und dies blieb er vierzig Jahre, während derer er allerdings auch oft und weit reiste. So stand er etwa im Jahre 376 einer Synode in Antiochien vor und nahm 382 an einem (Regional-)Konzil in Rom teil.

Sein Leben war von theologischen Kämpfen geprägt. Damals entwickelte die Kirche gerade aus biblisch-jüdischen und griechischen Wurzeln ihre Theologie. Alles war im Aufbau, aber dabei passierten halt auch denkerische Fehler. Und wenn es eine Irrlehre zu entdecken gab, war Epiphanius mitten drin. So auch im Jahre 394 – wir befinden uns wieder mal in Palästina –, als er die Anhänger des Origenes, dieses großen, aber gelegentlich – nun, wie drücke ich es aus – etwas eigenwilligen Theologen angriff und versuchte, sie vom Jerusalemer Bischof verdammen zu lassen. Auch später noch, mit beinahe achtzig Jahren, war er im Jahre 402, im Auftrag der Ketzerbekämpfung, aber auch der kirchlichen Machtpolitik unterwegs. Bischof Theophilus von Alexandrien hatte ihn auf den heiligen Johannes Chrysostomus, den Bischof von Konstantinopel, angesetzt, auf diesen und auf eine Gruppe von vier Mönchen, die den possierlichen Namen „die Langen Brüder" führte. Dieses Mal merkte er aber, daß er von Theophilos mißbraucht wurde, und brach daraufhin seine Aktion ab. Auf dem Rückweg nach Salamis starb er im Jahre 403.

Für seine Auseinandersetzung mit den Ketzern hat er sich einen eigenen wissenschaftlichen Apparat geschaffen. Als Hauptwerk können wir dabei das Panarion, seine Sammlung aller Häresien, betrachten. Epiphanius geht dabei (ähnlich wie unser Buch) von der Idee aus, daß es auch bei den Ketzereien Traditionen gibt, weswegen sich alles wiederholt. Er geht dabei aber insofern weiter als wir, als er annimmt, daß eine Häresie eine andere gebiert. Das Prinzip der Filiation der Ketzerei ist entdeckt. Da sitzt nicht jemand zu Hause, denkt nach und erfindet eine Ketzerei, nein, jeder Ketzer, jeder Irrlehrer steht in einem Abstammungszusammenhang. Wie die kirchliche Lehre und das kirchliche Amt von den Aposteln und ihren Nachfolgern immer weitergegeben werden, so bilden auch die Ketzer eine Linie. Verfolgt man diese Linie zurück, so landet man irgendwann bei Simon dem Zauberer, der nicht nur unser Titelbild ziert, sondern in der Apostelgeschichte den Aposteln Geld für die Fähigkeit, Wunder zu tun, bieten will und der dadurch in der späteren Litteratur eine rasante Aufstiegsgeschichte als Erzketzer nahm. Wir können ergänzen: letztendlich führt die Linie zurück bis zur Schlange des Paradieses. Und so wie die Evolutionsforscher seit Darwin Missing links in der Entwicklung der Arten suchen, so sucht auch Epiphanius Kettenglieder. Und da mag eine Irrlehre seit Jahrhunderten ausgestorben sein, als Missing link einer Entwicklung, als Archäopterix der Häresie, ist sie wichtig; und darum gehört sie in sein *Panarion*.

Zu guter Letzt machen es sein Ordnungsdrang und seine intensive Listenerstellung auch den Lesern, denen unser Werk bisher nicht helfen konnte, möglich, sich zu bedienen und eine eigene, kleine Häresie für sich zu entdecken. Von denen bei Epiphanius genannten Phibioniten, Koddianern, Borbalianern, Sokratiten, Zakchäern, Karpokratiten, Kerinthianern oder Merinthianern wissen wir ja ebensowenig konkretes wie von den Markosiern, Kolorbasiern, Herakleoniten, Ophiten, Kaianern, Sethianern, Archantikern, Kerdonianern, oder gar den Sampsäern, Helkesäern, Theodotianern, Melchisedekianern und Bardesianisten.

Das aber ist im Rahmen unserer Zielsetzung keineswegs von Übel, auch der letzte Individualist, auch der letzte, der bei seinen Ketzereien als zusätzliches Sahnehäubchen auch noch gegen den Strom der Ketzerei schwimmen will, wird hier fündig werden. So gilt, was mein alter Mathelehrer einst ausführte: „Unser Leistungskurs sollte eine Kursfahrt machen, dazu müssen wir ein Ziel angeben, und da man für den Mathematikunterricht kein angemessenes Reiseziel begründen kann, können wir im Umkehrschluß jedes Ziel begründen." Es kam damals nicht zur Fahrt, aber die

Begründung kann uns weiterhelfen. Wenn über meine gewählte Ketzerei historisch und inhaltlich nichts bekannt ist, dann kann mir auch niemand Fehler in Auswahl und Argumentation vorwerfen. Danken wir gemeinsam dem heiligen Epiphanius für viele, viele Möglichkeiten, und am 12. Mai, seinem Fest, wollen wir ihn preisen.

Luis Buñuel

Die Milchstraße ist einer der letzten Filme Luis Buñuels, des großen spanischen Regisseurs, gedreht im Jahre 1969. Wie denke ich noch gerne an den Abend vor einigen Jahren zurück, als wir diesen Film im Rahmen einer Veranstaltungsreihe in unserer Pfarrei zeigten. Angekündigt war: *Die Milchstraße – eine surreale Reise nach Santiago de Compostella*. Hape Kerkeling hatte sein Buch schon geschrieben, Santiago-Pilgern war schon modisch. Und dann hatte die Zeitung das Wort „surreal" in der Ankündigung unterdrückt. Die Leute kamen, um die neue Romantik des Pilgerns zu genießen, und bekamen diesen Film. Mein Blick ging von einem verwirrten Gesicht zum nächsten, herrlich!

Der Inhalt ist gar nicht so leicht erzählt: Zwei Clochards, Pierre und Jean, brechen zu einer Wallfahrt nach Santiago de Compostella auf, in den Siebzigern beileibe nicht so modisch wie heute. Gleich zu Beginn begegnen sie einem Mann in Schwarz (nein, nicht Johnny Cash, aber wer weiß dies andererseits bei Buñuel schon so genau!), der sie mit dem ersten Kapitel des Buches Hosea auffordert: Geht hin und nehmt eine Hure zur Frau und zeugt mit ihr Hurenkinder; und nenne das eine „Keine-Gnade" und das andere „Nicht-mein-Volk". Sie erreichen danach einen Gasthof und werden Zeuge einer Diskussion zwischen einem Offizier und einem Priester über die Eucharistie und darüber, wie der Leib Christi darin gegenwärtig wird. Noch während der Diskussion wird der Priester von Bediensteten der naheliegenden Irrenanstalt abgeholt. Anschließend übernachten die „Pilger" auf einem Bauernhof, wo eine priszillianische Sekte sich trifft und nach kurzen religiösen Riten und einem ketzerischen Glaubensbekenntnis zu einer Orgie aufbricht. Danach versuchen die Pilger, in einem Restaurant Nahrung zu erbetteln, und werden Zeuge, wie der Eigentümer seinen Angestellten die Naturen Christi gemäß dem Konzil von Nizäa zu erklären sucht. Und so weiter und so fort. Nachdem sie Zeuge eines tödlichen Autounfalls geworden sind, übergibt ein seltsamer Beobachter einem der Pilger die Schuhe des Unfalltoten. Sie kommen an einer Schule vorbei, in der die Mädchen beim Sommerfest als Sprechmottete eine Liste von Ketzereien mit jeweils anschließendem Bannfluch aufsagt. Vor einer Kapelle, in der jansenistische Nonnen eine Mitschwester – wohlgemerkt mit deren Zustimmung – kreuzigen, fechten ein Jesuit und ein Jansenist ein Duell aus, dabei über Prädestination und Gnadenlehre diskutierend. Und so weiter und so fort.

Als die beiden Spanien erreichen, begegnen sie nicht nur antitrinitarischen Ketzern und Marienerscheinungen, sondern auch einem Priester, der von weiteren Wundern der Gottesmutter berichtet. Dann erklärt er die Jungfräulichkeit Mariens vor und während der Geburt. Jesus trat aus Mariens Leib, wie der Sonnenstrahl durch ein Glas dringt.

Unmittelbar danach gelangen unsere Pilger endlich ans Ziel, nach Santiago de Compostella, und dort treffen sie tatsächlich vor der Stadt eine Prostituierte, die sie auffordert, mit ihr zwei Kinder zu zeugen: "Kein-Erbarmen" und "Nicht mein Volk".

Wie jeden Film Buñuels muß man auch diesen gesehen haben, um ihn zu verstehen, und „verstehen" gilt dabei auch immer nur im Rahmen dessen, was bei Surrealisten möglich ist. Eine einfache Beschreibung reicht nie aus, das komplexe Surreale seiner Werke zu beschreiben. Wenn dies aber Ihr erster Kontakt mit Buñuel ist, dann muß ich Ihnen sagen: *Die Milchstraße* ist einer der Buñuelfilme mit bestnachvollziehbarer Handlung.

Im Abspann endlich weist Buñuel dann darauf hin, daß alle im Film zitierten Texte aus der Heiligen Schrift oder von den Kirchenlehrern und aus offiziellen Katechismen entnommen sind.

Was lehrt uns nun dieser dritte Zeuge? Nun, Ketzerei macht Spaß; oder, anders gesagt: Er lehrt uns, daß man lustig durch die Welt der Ketzerei pilgern kann.

Zum Schluß

Es gibt zwei Gruppen von Urlaubern. Die einen fahren in den Urlaub, weil dort alles anders ist, die anderen, weil sie dort alles genauso haben können wie zu Hause.

Es gibt zwei Gruppen von Katholiken in Deutschland. Die einen wollen eine Kirche, die ganz anders ist als die Gesellschaft. Die anderen eine Kirche, die an die Mehrheitsgesellschaft angepaßt ist.

Liebe Leserin, werter Leser: Überlegen Sie gut, und dann entscheiden Sie sich für eines dieser Modelle. Ich für meinen Teil empfehle Ihnen: Seien Sie Ketzer!

Teil IV — Zugabe

Encore!

Wehe dem Manne, der nicht weiß, wann Schluß ist! So mag
der Prophet gesprochen haben, und so könnten auch Sie, liebe
Leserin, auch Sie, werter Leser, sagen. Oder volkstümlicher
ausgedrückt: hier sollte eigentlich Schluß sein, aus, Ende,
finito. Alle Fragen sind beantwortet, alle Knoten gelöst, alle
Menschheitsfragen geklärt. Wenn – ja wenn – da nicht die
innere Beziehung des Verfassers zu einer hölzernen Tiergat-
tung wäre. Anders ausgedrückt: Dieses Buch ist von einem
Autoren geschrieben, der im richtigen Leben Musiker ist, und
darin besteht das Problem. Musiker verhalten sich nämlich
im wesentlichen nicht anders als Karussellpferde. Sobald die
Kirmesorgel ertönt, bewegen sich diese in kreisförmigen Bah-
nen, als wären sie dazu gezwungen. Und so ist's auch beim
Musiker: kaum ist ein Stück oder eine Reihe von Stücken beendet, kaum hat ein auch noch so spärlicher Beifall eingesetzt,
beginnt es in der großen Seele des Musikers zu kochen. Und
dann steht die Frage im Raum: Gibt es noch was, was machen
wir jetzt, was spielen wir nun? Und auch wenn der Beifall nur
so karg dahinrinnt wie ein Wüstenbach in der Trockenzeit,
und auch wenn die Rufe mit den drei Vokalen u-a-e noch so
spärlich ertönen, der Musiker hört – von der Muse geleitet –
den Ruf nach der Zu-ga-be und steht nicht hintan, diesen bal-
digst zu erfüllen. Wohlan denn, also hier meine Zugabe!

kkk – Der kleine Ketzerkatalog

Schlage ich mein *Wörterbuch der Kirchengeschichte* auf und finde unter den alphabethischen Stichworten den komischen Namen einer (zumindest mir) unbekannten Gruppe – und das kommt beim Querlesen dieses Wörterbuches[*] oft, ja, sehr oft vor –, dann gibt es genau zwei Möglichkeiten: Entweder handelt es sich um eine seltsame Ordensgemeinschaft oder um eine Ketzertruppe. Und so mag nun – als Abschluß unseres Werkes – der kleine Ketzerkatalog stehen, der kkk.

Ein jegliches hat seine Zeit, schreibt der weise Salomo, und dies gilt bekanntlich auch für Abkürzungen. Die Abkürzung KKK ist ja seit einigen Jahren in der Kirche weit verbreitet – gleichsam als Vorbereitung auf unser Werk –, und so wollen auch wir hoffen, daß in wenigen Jahren auch zu unserem kkk ein Kompendium erscheinen möge,

---

[*] Man sollte Lexika sowieso öfters mal an einem Stück von vorne nach hinten lesen. Es tun sich neue Erkenntnisse auf. „I libri parlano tra loro", schreibt Umberto Eco: Die Bücher im Regal unterhalten sich. Und so machen es auch die Artikel in einem Wörterbuch. Daß im obengenannten Lexikon der Artikel „Kreuzzugsbewegung" unmittelbar vor „Kriegsdienst-Verweigerung" steht, ist dabei dann auch eine sinnhafte Aussage!

und selbst das noch ein wenig spätere Erscheinen eines YouKetz wetterleuchtet uns am Horizont. Voller Hoffnung arbeiten wir darauf hin, aber zunächst einmal: Worum geht es denn eigentlich in unserem kleinen Ketzerkatalog? Nun, hier soll all dies in alphabetischer Reihenfolge dargeboten werden, was an Ketzereien nicht zu einer längeren Abhandlung getaugt hat, aber doch des Berichtens wert ist.

Altgläubige vs. Raskolniki

Ach, wie sehr einen doch manchmal die Liebe zu Sprachen und vor allem die Liebe zur Etymologie im Leben weiterbringt. Wir wollen hier einfach mal darauf hören, was die Worte so alle genau bedeuten.

Doch zunächst der Faktencheck: Im Jahre des Heils 1653 begann ein russischer Patriarch – genauer der Patriarch Nikon – mit einem Prozeß, in dem ihm ein Konzil des zwanzigsten Jahrhunderts nachfolgte – einer Liturgiereform. Für uns geht es dabei um äußerst einfache, ja, vielleicht unwichtige Dinge. So wurde zum Beispiel im Rahmen dieser Reform darüber gestritten, mit wie vielen Fingern das Kreuz zu schlagen sei. Dennoch kam es zu Ketzern und Ketzerprozessen, Ausschreitungen und Verfolgungen, Selbstmordattentaten und Aufständen.

Nun gehört die Verfolgung anderer Meinungen zur altehrwürdigen Praxis der russischen Herrscher. Nicht erst die sowjetische Diktatur begann damit – obwohl sie natürlich bezüglich der Zahl ihrer Opfer weit vorn liegt –, sondern der große Bogen zieht sich von Iwan dem Schrecklichen bis zu Wladimir Putin, oder wie immer der aktuelle russische Präsident oder gar Zar bei Ihrer Lektüre dieses Buchs auch immer heißen mag.

Die Gruppe, die damals von der russischen Orthodoxie getrennt wurde, nennt sich selbst „die Altgläubigen", und gerade bei einer solchen Gruppe sollte man ja eine einheitliche Lehre und eine einheitliche Praxis bis heute erwarten. Aber weit gefehlt! Betrachtet man die heutigen Reste der Altgläubigen, so findet man Gruppen, die jede Form des Sakraments ablehnen, Gruppen, die den Staat und den Wehrdienst ablehnen, Gruppen, die man in anderen Ländern eher für pfingstkirchlich oder evangelikal halten würde, aber andererseits auch Gruppen, die sich -abgesehen von der Hierarchie – nicht wesentlich von der russischen Orthodoxie unterscheiden.

Altgläubige
Aber wie kann das sein? Da sagt das Wort, daß die das Alte glauben, und sie sind auch stolz auf diese Bezeichnung, nur, daß das Alte dann jeweils was ganz anderes ist.

Traditionalisten
sagen wir im Westen zu solchen Bewegungen. Aber was heißt das Wort „Tradition" eigentlich? Wir verstehen es gerne im Sinne der Weitergabe der reinen Lehre, aber aus *trans*, „hinüber", und *dare*, „geben", ergeben sich im Lateinischen noch ganz andere Bedeutungen. „Judas aber suchte nach einer geeigneten Gelegenheit, daß er ihn überliefere" (Markus 14), auf lateinisch *traderet*. Ein *Traditor* ist also mithin auch ein Verräter. Seltsame Doppeldeutigkeit! Und das italienische Wortspiel „*traduttore, traditore*" heißt ja auch nicht „der Übersetzer ist Traditionalist", sondern „der Übersetzer ist Verräter".

Überlieferung

Schauen wir genau hin, dann deckt das deutsche Wort auch beide Aspekte ab. Auch wir können sagen, „ich überliefere die Wahrheit", aber auch: „er überliefert diesen Mann seinem Feinde." Bei der Frage nach der Überlieferung, nach der Tradition befinden wir uns etymologisch im Zwiespalt.

Raskolniki

werden die Altgläubigen von der Großkirche geschimpft: Spalter – keiner denkt jetzt an Monty Python! –, und da, wo die Veränderer die Beharrenden „Abspalter", mithin also Veränderer nennen, schließt sich der Kreis der Verwirrung.

„Watt lernt uns datt?" fragt der Niederrheiner. Wohlan denn: Wir lernen diesmal von der Pfingstsequenz, der Heilige Geist haucht in der Hitze Kühlung ein, aber er soll wärmen, was kalt ist. Und da liegt die Lösung. Wir brauchen keine blinde Tradition und keinen blinden Fortschritt; wir brauchen beides – die Glaubenskongregation und den Charismatiker; den Geist, „der weht, wo er will", und das einheitsstiftende Papstamt. Eigentlich nutzt ja nur einem die Spaltung, eigentlich hat nur einer etwas von den Ketzereien, und zwar finanziell, nämlich der, der ein Buch darüber schreibt. Ich darf mich daher an dieser Stelle recht herzlich bei den Lesern und vor allem natürlich bei den Käufern dieses Buches bedanken.

Anabaptisten

Die Wiedertäufer – oder drücken wir es gebildet aus – die Anabaptisten dienen heute hauptsächlich dem münster-

ländischen Brauchtum und der westfälischen Tourismus-
pflege. Mit schmackhaften Namen wie Knipperdolling
schmücken sich urige Kneipen und biedere Karnevalsver-
eine. Eigentlich seltsam – und doch wieder nicht, wenn
man die Lust des Spießbürgers sich zu Gruseln kennt –,
daß gerade so biedere Institutionen nach jenem Wieder-
täuferführer benannt sind, der so grausam handelte und
der so grausam umkam. Der Heimatpfleger in Münster
freut sich, und der Tourismusmanager schließt sich ihm
an, insbesondere, wenn er von seinem Arbeitszimmer
einen Blick auf die Touristenströme wirft und auf deren
Kameraobjektive, die auf die drei Wiedertäuferkäfige am
Turm der dortigen Lambertikirche gerichtet sind. Schon
Heinrich Heine hatte ja den Wert dieser Käfige erkannt,
als er in *Deutschland, ein Wintermärchen* vorschlug, die
Heiligen drei Könige aus ihrem Schrein im Kölner Dom
dorthin zu überführen.

Die Situation, in der am Ende des Mittelalters die Täuferbewegung entstand, gleicht eigentlich unserer heutigen,
und ist doch gleichzeitig weit, sehr weit von ihr entfernt.
Eigentlich gibt es eine durchchristlichte Gesellschaft, und
doch entsteht Unzufriedenheit mit dem, was die etablierte
Kirche für Glauben und Leben so zu bieten hat. Meilen-
weit entfernt schien dies von Jesus und seiner Botschaft
zu sein; aber genauso weit – so fühlten die Menschen –
war es oft von ihrer persönlichen Lebenssituation. Und so
macht der Wiedertäufer den Glauben und damit die Taufe
abhängig von der Entscheidung des Einzelnen. Das wirklich Böse dabei ist die Ana. Erwachsenentaufen waren und
sind in bestimmten Zeiten und Regionen der Christenheit
die Regel oder doch zumindest normal. Ana als Vorsilbe
heißt aber „wiederum", oder anders ausgedrückt, ich taufe
nicht einfach bloß nur Erwachsene, sondern ich erkenne

auch bestimmte Taufen, hier jetzt konkret die Taufe von Kindern, nicht an. Der Irrtum der alten Wiedertäufer liegt auf der Hand und wurde im sechzehnten Jahrhundert von Katholiken wie Lutheranern gleichermaßen mißbilligt: Hier ist die Taufe – und das heißt dann auch, hier ist der Glaube – nicht Gnade, sondern ein Werk, ein Verdienst des Menschen.

Und an dieser Stelle wird auch das moderne Irrtumsbündel offenbar, das ähnlich funktioniert. Nur wenn du das und das tust, bist du ein echter Christ; nur wenn du die Mundkommunion empfängst, kommunizierst du würdig – nur bei Handkommunion stehst du auf dem Boden des Konzils; oder auch weitergefaßt: nur wenn du dich klimakonform verhältst, bist du ein guter Mensch, nur wenn du genderkorrekt bist, taugst du etwas als Politiker.

Arianismus

Um die Wende vom dritten zum vierten Jahrhundert lebte der Priester Arius, der eine eigenwillige Christologie vertrat: So behauptete er, daß Christus, der Logos, nicht wesensgleich mit dem Vater sei und daß der Sohn somit ein Geschöpf des Vaters sei. Weniger theologisch gesprochen ging es ihm also um den uns auch heute noch oft begegnenden edlen Rabbi Jesus, den „Guten Menschen von Nazareth".

Nie wurde dieser moderne Arianismus besser dargestellt als von Wigald Boning und Olli Dittrich, die mit ihrem herrlichen Projekt „Die Doofen" unter anderem auch einen wesentlichen Beitrag zur Kritik des neuen geistlichen Liedgutes lieferten. Ein paar Zitate:

Jesus war ein flotter Typ den hatten alle Leute lieb

Jesus
Jesus du warst echt O.K.
Jesus
Jesus everytime fair play!

Jesus war ein Wandersmann am liebsten auf'm Ozean
Ja, und seine Zaubershow hatte wirklich Weltniveau
Ja, aus Wasser machte er Wein, wer will da nicht sein
Kumpel sein?

Jesus
Jesus du warst echt O.K.
Jesus
Jesus everytime fair play!

Ist das jetzt wirklich blasphemisch oder doch nur Nonsens, oder ist es nicht vielleicht sogar einfach der Ausdruck der Verzweiflung über die Banalität aktueller Jesuslieder? Olli Dittrich deutete dies zumindest in einem Fernsehinterview einmal an. Sie glauben das nicht? Ein Beispiel bombastischer Banalität gefällig? Wohlan denn: Da gibt es seit den Fünfzigerjahren ein hebräisches Liebeslied: Erew schel schoschanim – der Abend der Rosen.

Laß uns in den Garten des Morgenlandes gehen,
Myrrhe, Wohlgeruch und Weihrauchduft
soll den Schritt unserer Füße benetzen,
ich aber werde dir ein Lied von der Liebe singen.

Das ganze Lied verbunden mit einer herrlichen Melodie, dessen Text selbst für neuisraelische Verhältnisse mit allen

Möglichkeiten der Sprache spielt und sogar wegen der Exotik das arabische Wort für „Garten" im hebräischen Text benutzt. Was aber macht nun das neue geistlose Liedgut in Deutschland daraus? Auch hier ein Zitat:

> *Jesus von Nazareth,*   *er lebte in Zuversicht,*
> *weil er der Liebe und*
> *dem Licht*   *Kraft wieder geben wollte.*
> *Er zeigte uns den Weg*   *der Liebe und Menschlichkeit.*
> *Wollen wir diesen Weg*
> *nun gehen,*   *selbstlos und hilfsbereit?*

Und das ist dann wirklich schlimmer als das erste Beispiellied von den „Doofen", da nicht mehr durch den – vielleicht gescheiterten – Versuch, komisch zu sein, abgefedert. Mein Gott, der Dichter meint das ernst – grauenhaft!

Laßt uns also die Doofen doof finden, die haben es nicht besser verdient, laßt sie uns aber als Kritiker des Arianismus in der aktuellen geistlichen Lieddichtung in Deutschland aufs Höchste preisen!

Echisten

> *Daraufhin erinnerte sich Bioy Casares, daß einer der Häresiarchen von Uqbar erklärt hatte, die Spiegel und die Paarung seien abscheulich, weil sie die Zahl der Menschen vervielfachen.*
>
> (J.L.B.)

Markionimus

Markion, ein Theologe des zweiten Jahrhunderts, hatte eine seltsame Idee, die mit dem von uns weiter oben behandelten Manichäismus und Gnostizismus durchaus verwandt ist. Auch für ihn war der Gott des Alten Testamentes nicht der Gott der Christen.

Aber er zog daraus Konsequenzen und reinigte die Grundlagen des christlichen Glaubens. Nur das Lukasevangelium (und das auch noch in bereinigter Form) und die Paulusbriefe sollten fürderhin zur Bibel gehören. Der restliche jüdische Kram? Weg damit!

Kann es so etwas in unserer heutigen Zeit der Political Correctness auch geben? Komischerweise ja: Ausgerechnet die Helden eines (nicht nur) jüdisch-christlichen Dialoges holen, immer wenn ihnen eine Aussage des Katechismus oder auch der Bibel nicht gefällt, einen Joker aus dem Ärmel: den „Gott des Alten Testamentes". Immer wenn eine Aussage nicht in das altbackene, spießigrevolutionäre religiöse Weltbild eines Franz Alt oder einer Uta Ranke-Heinemann paßt, dann wird der Gott des Alten Testaments, der Gott der Rache, der Gott der Gewalt entdeckt, und der entspricht dann natürlich nicht „dem Geist Jesu" und erst recht nicht „der Erfahrung des heutigen Menschen", und so wird schließlich mit diesem Gott auch die erwähnte Aussage entsorgt. Wohlgemerkt, in diese glorreiche Reihe deutschen Antisemitismus' stellen sich nicht ausgewiesene Rechte, nicht dumpfe Glatzen, sondern politische Gutmenschen wie du und ich, anerkannte Vorbilder von nebenan. Und was das Verrückte ist: Sie fühlen sich wohl dabei; ja, sie bemerken die Absurdität ihres Tuns nicht einmal.

Von Monophysiten und Nestorianern
Die christologischen Häresien der Antike und das katholische Sowohl-als-Auch*

In unserer Behandlung des Arianismus haben wir schon gesehen, wie in der alten Kirche um die Person Jesu Christi und seine göttliche und seine menschliche Natur gerungen wurde. Damit war aber nach der Klärung des Falles Arius noch lange nicht Schluß. Immer neue Häretiker und Häretikergruppen betraten die Bühne der Weltgeschichte. Theologe um Theologe, Konzil um Konzil, Synode um Synode mußte sich mit ihnen beschäftigen. Da gab es Nestorius und seine Anhänger, die verkündigten, daß Christus eine göttliche und eine menschliche Natur habe – natürlich, natürlich –, aber diese waren zu trennen, und so habe zum Beispiel Maria nur die menschliche Natur geboren und dürfe daher auch nicht *Theotokos*, also Gottesgebärerin genannt werden.

Kaum war diese Lehre überwunden, traten die Monophysiten auf und sagten: „Hmmmm, dieser Schurke und Erzketzer von Nestorius!" In Wahrheit sei es vielmehr so, daß Christus nur eine Natur habe, und zwar eine gottmenschliche. Einige Jahrhunderte später tauchten Monotheleten auf und sagten, ja, ja, eine Person mit zwei Naturen, gut, gut. Aber da gibt's natürlich nur einen Willen, der die zwei Naturen steuert.

* Ein kleiner Hinweis für den sensiblen Leser: Dieser Abschnitt könnte im hinteren Bereich fromm werden, vielleicht zu fromm, und darüber hinaus auch die nötige Distanz zur Amtskirche vermissen lassen. Ich warne ausdrücklich!

Wenn Ihnen jetzt der Kopf schwirrt, dann seien Sie versichert, daß ich nur die wesentlichsten Punkte und dies auch nur äußerst knapp darstelle. An langen Winterabenden kann man sich vor dem heimatlichen Kamin oder wahlweise dem heimatlichen Computerbildschirm manch besinnliche Stunden mit Darstellungen der christologischen Debatten der Antike machen.

Wer dies – aus mir im übrigen unbegreiflichen Gründen – etwa nicht tun will, dem möchte ich gleich die Lösung darbieten. Das Konzil von Chalkedon definiert im Jahre 453 die Beziehung der beiden Naturen Christi, der göttlichen und der menschlichen in der einen Person Christi, durch vier negative Adjektive – sie sind unvermischt und ungetrennt, unverändert und ungeteilt. Hier sollten wir einen Moment innehalten, weil wir hier am Wesenskern christlicher Theologie und christlichen Denkens angekommen sind. Simple Ketzer benutzen einfache Adjektive – in unserem Beispiel sprechen sie also etwa von „getrennten" oder „vermischten" Naturen. Klügere Ketzer benutzen negative Adjektive, wenn sie, sagen wir mal, über Gottes Eigenschaften sprechen, und sagen in unserem Beispiel somit „ungeteilt". Alle Ketzer aber setzen, wenn auch nicht unbedingt sichtbar, so doch real jenes Wort vor ihre Aussage, das schon Martin Luther in den Text des Römerbriefes eingeschmuggelt hat. Irrlehrer sagen „allein", Katholiken sagen „sowohl als auch". Häretiker legen Wert auf ihr „sola", Katholiken erfreuen sich ihres „et – et". Oder um es mit Nicolás G. Dávila zu sagen: Die Orthodoxie ist die Spannung zwischen zwei Irrlehren.

Nur so funktioniert christliches Denken, nur so gehen Gnade und Werke zusammen, nur so lassen sich Gottes Liebe und Gottes Gerechtigkeit gleichermaßen denken. Nur hier vereinen sich strengste Askese und überströmende Lebensfreude. Hier stehen wir an der Wurzel des Barocks und an der Wiege des Rheinlandes, hier treffen sich der strenge Ignatius von Loyola und der herumalbernde Filippo Neri; hier ist gut sein – laßt uns hier drei Hütten bauen. Hier ist katholisch – und alles Volk spreche: Amen, ja, amen!

Protestantismus

„Jede gute Häresie dauert fünfhundert Jahre", sagte ein weiser Mann. Lassen Sie uns trotzdem nicht zu viel Hoffnung haben. Am 31. Oktober 2017 jährt sich zwar der – wie oben erwähnt, nie erfolgte – Thesenanschlag Luthers zum 500. Mal, aber bis zum fünfhundertsten Jahrestag der Überreichung der Augsburger Konfession – und da müssen wir den endgültigen Geburtstag der evangelischen Kirchen ansetzen – haben wir noch bis zum 25. Juni 2030 zu warten.

*

So, das Schlußwort sei Isidor von Sevilla vorbehalten. In seinem großen Werk über die *Etymologien* versuchte er gegen das Jahr 600, das Menschheitswissen seiner Zeit zu kategorisieren. Alles wird nach grammatischen und sprachlichen Prinzipien geordnet. Und so behandelt er denn im Rahmen des achten Buches über die Kirche die Religionen und die Sekten und auch die Häresien, und da finden wir den Satz, der uns am Ende unseres Buches in den Tag und in das Leben begleiten soll und der uns viel Stoff zum Nachdenken bietet:

Sunt et aliae haereses sine auctore et sine nominibus!

Zu Deutsch:

Und dann gibt es noch andere Häresien ohne Urheber und ohne Bezeichnung.

Aufgabe zum Schluß: Denken Sie über diesen Satz des Isidor nach – viel Vergnügen dabei!

Ulrich Nersinger

Einmal Canossa und zurück

Anekdotisches aus der Kirchengeschichte

Der Publizist und Theologe Ulrich Nersinger führt durch die vergnüglichen und skurrilen Seiten der 2000jährigen Geschichte von Päpsten und Kaisern, Priestern und Nonnen, Mönchen und Heiligen – leichtfüßig, aber nicht seicht, heiter, aber nicht albern. Ein ideales Geschenk für alle historisch Interessierten.

ISBN: 978-3-86744-165-0
Geb., 144 Seiten

www.sankt-ulrich-verlag.de

Michael Hesemann

Die Dunkelmänner

Mythen, Lügen und Legenden um die Kirchengeschichte

Die populärsten „Mythen, Lügen und Legenden um die Kirchengeschichte" werden in diesem Buch kenntnisreich und spannend auf den Prüfstand gestellt – dabei setzt sich der Autor auch mit modernen Mythen wie dem „Jesus-Grab", dem angeblichen „Judas-Evangelium" oder der „Päpstin Johanna" auseinander. Ein Buch für alle, die wissen wollen, wie es wirklich ist.

ISBN 978-3-86744-016-5
Geb., 208 Seiten

Sankt Ulrich Verlag

Gisbert Kranz

Schmunzelkatechismus
Eine heitere Theologie

Die in diesem Band gesammelten Witze, Histörchen, Anekdoten, Schwänke und Fabeln haben eines gemeinsam: ihre Pointe zielt jeweils auf eine Wahrheit des Glaubens. Also eine heitere Theologie, wenn man so will, möchte diese Sammlung sein. Indem über Vordergründiges gelacht wird, kann das Hintergründige hervortreten; denn „letzter Ernst ist nie ohne eine Dosis Humor" (Dietrich Bonhoeffer).

ISBN: 978-3-87904-273-9
Broschur, 98 Seiten

www.sankt-ulrich-verlag.de